审计实训指导

SHENJI SHIXUN ZHIDAO

主 编 谭 湘

副主编 杨玉国 墨沈微

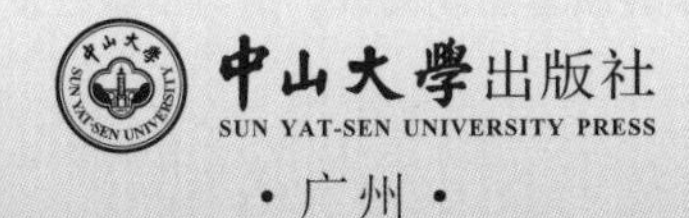

·广州·

图书在版编目（CIP）数据

审计实训指导/谭湘主编；杨玉国，墨沈微副主编．—广州：中山大学出版社，2020.12

ISBN 978-7-306-07051-7

Ⅰ．①审…　Ⅱ．①谭…②杨…③墨…　Ⅲ．①审计学—高等学校—教学参考资料　Ⅳ．①F239.0

中国版本图书馆 CIP 数据核字（2020）第 217674 号

出 版 人：王天琪
策划编辑：金继伟
责任编辑：黄浩佳
封面设计：曾　斌
责任校对：廖丽玲
责任技编：何雅涛
出版发行：中山大学出版社
电　　话：编辑部 020-84111996，84113349，84111997，84110779
　　　　　发行部 020-84111998，84111981，84111160
地　　址：广州市新港西路 135 号
邮　　编：510275　　　　传　真：020-84036565
网　　址：http://www.zsup.com.cn　　E-mail:zdcbs@mail.sysu.edu.cn
印 刷 者：广州市友盛彩印有限公司
规　　格：787mm×1092mm　1/16　5.75 印张　140 千字
版次印次：2020 年 12 月第 1 版　2020 年 12 月第 1 次印刷
定　　价：36.00 元

前　言

审计作为一种监督机制，其实践活动历史悠久，但人们对审计的定义却众说纷纭。公认具有代表性且被广泛引用的是美国会计学会1972年在其颁布的《基本审计概念公告》中给出的审计定义，即“为了查明有关经济活动和经济现象的认定与所制定标准之间的一致程度，而客观地收集和评估证据，并将结果传递给有利害关系的使用者的系统过程”。在我国，一般把审计界定为由国家授权或接受委托的专职机构和人员，依照国家法规、审计准则和会计理论，运用专门的方法，对被审计单位的财政、财务收支、经营管理活动及其相关资料的真实性、正确性、合规性、合法性、效益性进行审查和监督，评价经济责任，鉴证经济业务，用以维护财经法纪、改善经营管理、提高经济效益的一项独立性的经济监督活动。因此，某些时候，审计又被称为“经济警察”。

审计的职能是审计自身固有的，但并不是一成不变的，它是随着社会经济的发展，经济关系的变化，审计对象的扩大，人类认识能力的提高而不断加深和扩展的。知识经济时代，生产的知识化、资产的无形化和全球经济一体化，审计工作中不确定因素的增多，都要求审计人员建立科学合理的知识结构与之相适应。

准确地把握审计这一客观事物，能使我们更好地确定审计任务，有效地发挥审计的作用，更好地指导审计实践。因此，学好审计知识，是承接审计工作的必要前提。

学习审计，首先需要选择一本合适的教材，而为学习者提供适用的教材，是所有审计教育工作者的永恒追求。本教材作者群在大量吸收同行成功经验的基础上，精心编写了本书。对于目前正推行的营改增，书本及时进行了更新，以便学习者紧跟形势，学以致用。

本书主要为以应用型人才培养为目标的高职高专层次会计专业的学子编写，同时，由于内容偏重应用环节，也适用于以应用型人才培养为主的普通民办本科院校、独立学院的会计学、财务管理专业和其他经济管理类专业的学生使用，还可作为高等教育自学考试教材和参考书，以及从事经济管理工作的企业内部审计人员学习和提升之用。

本书由广东青年职业学院、广州软件学院、广州商学院等高校联合组编，谭湘担任主编，杨玉国、墨沈微担任副主编。除了主编、副主编外，其他主要撰稿人还有林冬平、黄佳蕾、骆子恒、续丽媛、周红梅、毛慧华、张敏、朱甜甜、陈炳华、李小军等。超过20名成员的作者群中既有高校会计教育工作者，也有多名上市公司总会计师。虽然我们殚精竭虑，但书中仍难免存在许多不足之处，有望读者批评指正。

编　者

2020年8月

目　　录

第一章　概　　论

一、单项选择题

1. 下列关于财务报表审计的陈述，有误的是（　　）。
   A. 财务报表审计的基础是注册会计师的独立性和专业性
   B. 审计涉及为财务报表预期使用者如何利用相关信息提供建议
   C. 财务报表审计的目的是改善财务报表质量
   D. 审计可以有效满足财务报表预期使用者的需求
2. 下列关于审计监督体系的说法中正确的是（　　）。
   A. 注册会计师执行审计业务的依据是《中华人民共和国审计法》
   B. 政府审计是市场行为，是有偿服务
   C. 相对于注册会计师审计，政府审计在取证方面有更大的行政强制力
   D. 注册会计师对在审计过程中发现的问题具有行政处罚的权利
3. 不属于审计业务三方关系人的是（　　）。
   A. 注册会计师　B. 管理层　C. 治理层　D. 财务报表预期使用者
4. 一般而言，财务报表预期使用者不包括（　　）。
   A. 被审计单位股东
   B. 被审计单位管理层
   C. 向被审计单位发放贷款的银行
   D. 对被审计单位实施审计的注册会计师
5. 与各类交易、事项及相关披露，与期末余额及相关披露均相关的认定是（　　）。
   A. 存在　B. 发生　C. 准确性　D. 截止
6. 审计的主体是指（　　）。
   A. 被审计单位　B. 审计的专职机构和专职人员
   C. 被审计单位的经济活动　D. 审计的授权者
7. 从法律上进一步确立了政府审计地位，为政府审计的振兴发展奠定了良好基础的法律是（　　）。
   A. 1982 年的《宪法》
   B. 1988 年的《中华人民共和国审计条例》
   C. 1985 年的《国务院关于审计工作的暂行规定》
   D. 1995 年的《中华人民共和国审计法》
8. 下列各项审计中，从理论上解决了注册会计师以制度为基础采用抽样审计的随意性，又解决了审计资源的分配问题，要求注册会计师审计资源分配到财务报表最容易出现错报的领域的是（　　）。
   A. 详细审计　B. 账项基础审计

C. 风险导向审计　　D. 制度基础审计

9. 下列哪项审计的目的是注册会计师通过执行审计工作，对财务报表是否按照规定的标准编制发表审计意见（　　）。

A. 财务报表审计　　B. 合规性审计

C. 经营审计　　D. 效益审计

10. 注册会计师通过评价被审计单位的经营程序和方法来评价其经营活动的效果和效率的是（　　）。

A. 财务报表审计　　B. 合规性审计

C. 经营审计　　D. 效益审计

11. 下列哪种类型的审计的目的是确定被审计单位是否遵循了特定的程序、规则或条例（　　）。

A. 财务报表审计　　B. 合规性审计

C. 经营审计　　D. 效益审计

12. 对于销售收入的下列认定，通过比较资产负债表日前后几天的发货单日期与记账日期，注册会计师认为最可能证实的是（　　）。

A. 存在　　B. 截止

C. 准确性、计价和分摊　　D. 发生

13. 以下与存货的存在认定不相关的是（　　）。

A. 从存货盘点记录中选取项目追查至存货实物

B. 从存货实物中选取项目追查至存货盘点记录

C. 在存货盘点过程中关注存货的移动情况

D. 在存货盘点结束前再次观察盘点现场

14. 关于审计的总体目标，以下说法不恰当的是（　　）。

A. 按照审计准则的规定，根据审计结果对财务报表出具审计报告，并与管理层和治理层沟通

B. 按照审计准则的规定，根据审计结果对财务报表出具审计报告，并与相关行业监管部门沟通

C. 合理保证财务报表不存在由于舞弊或错误导致的重大错报

D. 对财务报表是否在所有重大方面按照适用的财务报告编制基础发表审计意见

15. 对于应收账款的相关认定，通过实施函证程序，注册会计师认为最可能证实的是（　　）。

A. 存在　　B. 完整性

C. 准确性、计价和分摊　　D. 权利和义务

16. 针对注册会计师审计和政府审计，下列说法错误的是（　　）。

A. 注册会计师在发表审计意见时，独立性不能受到干扰

B. 注册会计师在获取审计证据时，很大程度上有赖于被审计单位的配合

C. 注册会计师对审计过程中发现的问题只能提请被审计单位调整或披露

D. 注册会计师在取证过程中有更大的强制力，各单位和个人应当支持其工作

二、多项选择题

1. 下列关于审计业务的说法中，正确的有（　　）。
   A. 审计业务的最终产品是审计报告
   B. 因为审计的目的是改善财务报表质量，所以审计可以减轻被审计单位管理层对财务报表的责任
   C. 审计提供的合理保证意味着注册会计师可以通过获取充分、适当的审计证据消除审计风险
   D. 审计的目的是增强财务报表预期使用者对财务报表的信赖程度
2. 下列服务中，属于鉴证业务的有（　　）。
   A. 财务报表审计　　B. 对财务信息执行商定程序
   C. 财务报表审阅　　D. 预测性财务信息审核
3. 根据审计执行的不同主体，可将审计分为（　　）。
   A. 内部审计　　B. 外部审计　　C. 政府审计　　D. 注册会计师审计
4. 下列属于审计业务要素的有（　　）。
   A. 财务报表　　B. 审计报告
   C. 财务报表编制基础　　D. 审计证据
5. 针对注册会计师审计和政府审计，下列说法错误的是（　　）。
   A. 政府审计能够在职权范围内作出审计决定或向有关主管机关提出处理、处罚意见
   B. 注册会计师在审计过程中发现的问题应当提请被审计单位调整或披露，如果被审计单位管理层拒绝调整或披露，注册会计师应当出具否定意见的审计报告
   C. 政府审计的依据是《中华人民共和国注册会计师法》和审计署制定的《中华人民共和国国家审计准则》
   D. 政府审计的对象是对政府的财政收支或国有金融机构和企事业组织财务收支情况，审计的目标是确定其是否真实、合法和有效益
6. 审计的特征集中体现在（　　）。
   A. 独立性　　B. 强制性　　C. 公正性　　D. 权威性
7. 审计的独立性主要表现在（　　）。
   A. 机构独立　　B. 业务工作独立　　C. 经济独立　　D. 人员独立
8. 审计的主体包括（　　）。
   A. 国家审计机关　　B. 国家审计部门
   C. 单位内部审计机构　　D. 社会审计组织
9. 国外社会审计的发展历程大体可以分为（　　）。
   A. 详细审计阶段　　B. 资产负债表审计阶段

C. 会计报表审计阶段　　　　　　D. 风险审计阶段

10. 按审计的目的和内容，可以将审计分为（　　）。

A. 财务报表审计　　　　　　B. 账项基础审计

C. 风险导向审计　　　　　　D. 经营审计

11. 审计的职能包括（　　）。

A. 经济监督职能　　　　　　B. 经济评价职能

C. 经济核算职能　　　　　　D. 经济鉴证职能

12. 审计的作用包括（　　）。

A. 制约作用　　B. 促进作用　　C. 证明作用　　D. 公证作用

第二章　审计法律与审计职业道德

一、单项选择题

1. 注册会计师不仅在实质上保持独立性，而且还努力在形式上保持独立性，其主要目的是（　　）。
   A. 保持确实能够在实质上独立
   B. 维护社会公众对注册会计师职业的信任
   C. 保持注册会计师公正的态度
   D. 遵守《中国注册会计师审计准则》
2. 下列选项中，不符合专业胜任能力的要求的是（　　）。
   A. 在执行财务报表审计时，对或有事项向相关律师进行询问
   B. 在对特殊存货进行计价测试时，请专业评估师帮助确认存货计价
   C. 在执行财务报表审计时，在某特殊审计领域向有经验的其他注册会计师寻求帮助
   D. 在对某集团合并财务报表审计时，由于该会计师事务所从未审计过合并财务报表，可以向其他会计师事务所有经验的注册会计师寻求帮助
3. 如果会计师事务所采取维护独立性的措施不足以消除威胁独立性因素的影响或将其降至可接受水平时，会计师事务所应当采取的措施是（　　）。
   A. 以或有收费形式收取审计费用　　B. 出具非标准审计报告
   C. 将成员调离鉴证小组　　D. 拒绝承接业务或解除业务约定
4. 下列选项中，会计师事务所违反保密义务的是（　　）。
   A. 取得客户的授权，披露客户信息
   B. 为法律诉讼准备文件而使用客户信息
   C. 出于第三方利益使用客户信息
   D. 注册会计师协会进行质量检查而使用客户信息
5. 会计师事务所和注册会计师不得对其能力进行广告宣传以招揽业务，下列陈述的原因不正确的是（　　）。
   A. 注册会计师的服务质量及能力无法由广告内容加以评估
   B. 广告可能损害专业服务的精神
   C. 广告可能导致同行之间的不正当竞争
   D. 广告可能虚增该会计师事务所的知名度
6. 根据《中国注册会计师协会会员职业道德守则》，下列说法正确的是（　　）。
   A. 注册会计师在执业过程中，需要保持实质上的独立性，形式上的独立性并不一定需要保持
   B. 注册会计师可以采用对其能力进行广告宣传的方式承揽业务

C．会计师事务所都不得以或有收费的形式为客户提供鉴证服务

D．在审计过程中，注册会计师应当保持职业怀疑态度，运用专业知识、技能和经验，获取和评价审计证据

7．下列描述中，可能产生自我评价威胁的是（　　）。

A．被审计单位财务经理曾经是事务所审计项目组成员

B．审计项目组成员曾经是被审计单位的出纳

C．审计小组成员的妻子是被审计单位的独立董事

D．审计小组成员担任被审计单位的辩护人

8．如果会计师事务所坚持不同意审计客户对某项交易的会计处理，审计客户可能不将计划中的非鉴证服务合同提供给会计师事务所，该情形将产生（　　）。

A．密切关系的威胁　　B．自身利益的威胁

C．自我评价的威胁　　D．外界压力的威胁

9．下列描述中，正确的是（　　）。

A．注册会计师只要在审计工作中保持了公正无偏的态度，在履行判断和发表审计意见时不依赖和屈服于外界的压力和影响，没有主观偏袒任何一方当事人，即可被认为恰当地遵守了独立性原则

B．会计师事务所推介审计客户的股份将产生外界压力的威胁

C．现任注册会计师在接受委托后，需查阅前任会计师的工作底稿，并在与其讨论客户事项前，应当征得客户的书面同意

D．如果会计师事务所的商业利益或活动可能与客户存在利益冲突，注册会计师应该拒绝接受委托或解除业务约定

10．以下属于具体鉴证业务层面的防范措施的是（　　）。

A．定期轮换鉴证业务项目组负责人

B．建立惩戒机制，以促进对政策和程序的遵循

C．制定有关独立性的政策和程序，以识别会计师事务所或项目组成员与客户之间的利益或关系

D．制定能使员工向更高级别人员反映独立性问题的政策和程序

11．下列有关职业道德保密原则的说法，错误的是（　　）。

A．禁止会计师事务所利用其获知的涉密信息为第三方谋取利益

B．注册会计师在终止与客户的关系后，仍然应当对其以前获知的涉密信息保密

C．注册会计师应当特别警惕无意向其近亲属涉密，对其他人员无须考虑

D．在法律法规允许的情况下，会计师事务所经其客户授权后可以向第三方披露其所获知的涉密信息

12．下列情形不属于自身利益对职业道德基本原则产生不利影响的是（　　）。

A．审计项目组成员在审计客户拥有 100 股流通股

B．审计项目合伙人与审计客户协商，在审计报告日后加入该客户担任财务总监

C．客户威胁将起诉会计师事务所

D. 与审计客户达成或有收费协议

13. 注册会计师接受审计业务前无须考虑的是（　　）。
A. 审计客户是否涉足非法活动
B. 管理层、治理层的诚信
C. 营业收入重大错报风险
D. 会计师事务所业务胜任能力

14. 下列关于近亲属的表述正确的是（　　）。
A. 王某的兄弟姐妹是其主要近亲属
B. 肖某的父亲是其其他近亲属
C. 张某的外孙是其主要近亲属
D. 李某的外祖父母是其其他近亲属

15. 甲会计师事务所于2018年4月1日首次接受委托，承接上市公司A公司2018年度财务报表审计业务，双方协商审计报告日是2019年4月20日，下列对业务期间界定正确的是（　　）。
A. 2018年4月1日至2019年4月20日
B. 2018年1月1日至2019年4月20日
C. 2018年4月1日至2019年12月31日
D. 2018年1月1日至2019年1月1日

16. 可能对保密原则构成不利影响的是（　　）。
A. 在未得到客户授权的情况下，向行业监管机构提供审计工作底稿
B. 在未得到客户授权的情况下，向被审计单位子公司提供部分审计工作底稿
C. 在审计客户允许的情况下，向监管机构提供部分审计工作底稿
D. 在法律法规要求的情况下，向行业监管机构提供审计工作底稿

17. 《中华人民共和国证券法》第一百八十三条规定：证券交易内幕信息的知情人员，在涉及证券的发行、交易或其他对证券的价格有重大影响的信息尚未公开前，买入或卖出该证券，或泄露该信息，或建议他人买卖该证券的，责令依法处理非法获得的证券，没收违法所得，并处以违法所得（　　）或非法买卖证券等值以下的罚款。
A. 一倍以上五倍以下　　B. 一倍以上三倍以下
C. 三倍以上五倍以下　　D. 五倍以上七倍以下

18. 下列因自身利益导致不利影响的情形是（　　）。
A. 会计师事务所为客户编制原始数据，这些数据构成审计的对象
B. 审计项目组成员担任或最近曾担任客户的董事或高级管理人员
C. 会计师事务所推介审计客户的股份
D. 会计师事务所担心失去某一重要客户

19. 下列因过度推介导致不利影响的情形是（　　）。
A. 在审计客户与第三方发生诉讼或纠纷时，注册会计师担任该客户的辩护人

B. 审计项目组成员在鉴证客户中拥有直接经济利益
C. 会计师事务所的收入过分依赖某一客户
D. 会计师事务所为鉴证客户提供直接影响鉴证对象信息的其他服务
20. 下列因密切关系导致不利影响的情形是（　　）。
A. 会计师事务所收到客户解除业务关系的威胁
B. 注册会计师接受客户的礼品或款待
C. 审计客户表示，如果会计师事务所不同意对某项交易的会计处理，则不再委托其承办拟议中的非鉴证业务
D. 客户威胁将起诉会计师事务所

二、多项选择题

1. 下列属于因自我评价对职业道德基本原则产生不利影响的有（　　）。
A. 审计项目组合伙人兼任审计客户的独立董事
B. 审计项目组成员与审计客户董事长存在密切关系
C. 审计客户现任董事长秘书半年前是该会计师事务所的合伙人
D. 审计项目经理十个月前担任审计客户财务总监
2. 下列情形属于过度推介对职业道德基本原则产生不利影响的有（　　）。
A. 会计师事务所向公众推销审计客户的可转换公司债券
B. 会计师事务所收入中的80%从审计客户甲公司收取
C. 审计项目经理与审计客户财务总监是配偶关系
D. 审计项目组成员担任审计客户首席法律顾问
3. 下列情形属于因存在密切关系对职业道德基本原则产生不利影响的有（　　）。
A. 审计项目组成员的妹妹负责编制甲公司年度合并报表
B. 审计项目合伙人的父亲持有审计客户流通股股票1万股，价值百万元
C. 审计项目经理连续两年签署甲公司审计报告
D. 审计项目组成员接受客户的礼品
4. 注册会计师职业道德基本原则包括（　　）。
A. 诚信　　B. 独立性
C. 专业胜任能力　　D. 良好职业行为
5. 可能对注册会计师职业道德基本原则产生不利影响的因素有（　　）。
A. 自身利益　　B. 自我评价　　C. 密切关系　　D. 内在压力
6. 专业服务委托包括下列哪些环节（　　）。
A. 接受客户关系　　B. 承接业务
C. 客户变更委托　　D. 出具审计报告
7. 目前我国法律体系中，对会计师事务所、注册会计师法律责任做出规定的有（　　）。
A.《中华人民共和国注册会计师法》　　B.《中华人民共和国证券法》

C.《中华人民共和国公司法》　　　D.《中华人民共和国刑法》

8. 审计准则通常包含（　　）。

A. 总则　　B. 定义　　C. 目标　　D. 要求

9. 在应对不利影响时，下列属于会计师事务所层面的防范措施有（　　）。

A. 制定有关政策和程序，保证遵循职业道德基本原则

B. 制定有关政策和程序，识别会计师事务所或项目组成员与客户之间的利益或关系

C. 制定有关政策和程序，监控对某一客户收费的依赖程度

D. 与客户治理层讨论有关的职业道德问题

10. 会计师事务所在确定收费时应当考虑的因素有（　　）。

A. 专业服务所需的知识和技能

B. 所需专业人员的水平和经验

C. 各级别专业人员提供服务所需的时间

D. 提供专业服务所需承担的责任

三、分析题

1. 2020年1月，甲会计师事务所与丙会计师事务所合并成立ABC会计师事务所，并以“强强联手，服务最优”为主题在多家媒体刊登广告，宣传两家会计师事务所的合并事宜。指出ABC会计师事务所的做法是否恰当。如不恰当，简要说明理由。

2. 上市公司甲公司从事保险业务。2020年12月，A会计师事务所拟承接甲公司2020年度财务报表审计业务。在执行客户和业务的接受评估过程中，发现A会计师事务所金融保险业务部主管合伙人之一丁某的父亲通过二级市场买入并持有甲公司股票3000股。假定，A会计师事务所接受甲公司审计委托，指出是否存在可能对A会计师事务所独立性产生不利影响的情况，并简要说明理由。

第三章　审计程序与方法

一、单项选择题

1. 审计业务约定书是会计师事务所与（　　）签订的。
   A. 被审计单位　　B. 被审计单位管理层
   C. 被审计单位治理层　　D. 被审计单位所有利益相关者
2. 审计重要性本质上反映的是（　　）的要求。
   A. 被审计单位股东　　B. 财务报表使用者
   C. 审计师事务所　　D. 注册会计师
3. 确定各类交易、账户余额及列报信息的重要性水平，是对（　　）重要性水平的确定。
   A. 认定层次　　B. 财务报表层次
   C. 被审计单位全面　　D. 特殊交易事项
4. 下列不属于注册会计师需要修改财务报表整体层次和认定层次重要性水平的情形是（　　）。
   A. 审计过程中，被审计单位决定处置其一个重要组成部分
   B. 获取了新的信息
   C. 通过实施进一步审计程序，对被审计单位及其经营的了解发生变化
   D. 被审计单位不同意注册会计师确定的重要性水平值
5. 考虑相关内部控制前，某类交易、账户余额或披露的某一认定易于发生错报的可能性指的是（　　）。
   A. 控制风险　　B. 检查风险　　C. 固有风险　　D. 计量风险
6. 下列关于检查风险的描述，错误的是（　　）。
   A. 检查风险取决于审计程序设计的合理性和执行的有效性
   B. 注册会计师设计和执行的程序越有效，检查风险越低
   C. 注册会计师设计和执行的程序越有效，检查风险越高
   D. 检查风险不可能降低为零
7. 注册会计师在设计进一步审计程序时，无须考虑的因素是（　　）。
   A. 风险的重要性
   B. 重大错报发生的可能性
   C. 涉及的各类交易、账户余额和披露的特征
   D. 审计实施的困难程度
8. 审查顺序和会计核算的顺序完全一致的审核方法是（　　）。
   A. 逆查法　　B. 核对法　　C. 顺查法　　D. 审阅法

9. 对于规模小、业务量较少或内部控制制度较差的单位，一般采用（　　）。
A. 顺查法　B. 核对法　C. 逆查法　D. 分析法
10. 对于规模大、业务量较复杂、内部控制健全和会计基础较好的单位，可采用（　　）。
A. 详查法　B. 抽查法　C. 逆查法　D. 顺查法
11. 对库存现金、有价证券、贵重物品的盘存，一般采用（　　）。
A. 直接盘点　B. 监督盘点　C. 技术推算盘点　D. 局部盘点
12. 下列不属于审计报告的特征的是（　　）。
A. 注册会计师应当按照审计准则的规定执行审计工作
B. 注册会计师在实施审计工作的基础上才能出具审计报告
C. 注册会计师通过对财务报表发表意见履行业务约定书约定的责任
D. 注册会计师可以不以书面形式出具审计报告
13. 审计报告的作用不包括（　　）。
A. 鉴证作用　B. 尽责证明　C. 保护作用　D. 证明作用
14. 在获取充分、适当的审计证据后，注册会计师认为错报单独或汇总起来对财务报表影响重大，但不具有广泛性时，应出具（　　）类型审计报告。
A. 无保留意见　B. 保留意见
C. 否定意见　D. 无法表示意见
15. 引起复审的原因不包括（　　）。
A. 被审计单位对审计结论提出异议
B. 审计机关对审计小组的工作进行检查，为保证审计质量而进行复审
C. 法律诉讼引起复审
D. 项目组某成员不满意审计报告结果
16. 关于沟通关键审计事项的适用范围，下列说法错误的是（　　）。
A. 注册会计师应当在上市实体整套通用目的财务报表审计报告中沟通关键审计事项
B. 注册会计师应当在上市实体财务报表审计报告中增加关键审计事项部分
C. 根据委托方要求，注册会计师可以在审计报告中沟通关键审计事项
D. 根据注册会计师的决定，可以在审计报告中沟通关键审计事项
17. 下列在审计报告中沟通关键审计事项说法，错误的是（　　）。
A. 在审计报告中单设关键审计事项部分，以“关键审计事项”为标题
B. 针对导致非无保留意见的事项，可以单独在审计报告的关键审计事项部分披露
C. 如果存在一个以上的关键审计事项，注册会计师应当使用恰当的子标题逐项描述
D. 在关键审计事项部分逐项描述关键审计事项时，注册会计师应当分别索引至财务报表相关披露

18. 下列各项错报中，通常对财务报表不具有广泛影响的是（　　）。
    A. 信息系统缺陷，未将子公司纳入合并范围
    B. 被审计单位没有将年内收购的一家重要子公司纳入合并范围
    C. 针对重要固定资产，被审计单位进行减值测试，没有计提固定资产减值
    D. 当与披露相关时，产生的影响对财务报表使用者理解财务报表至关重要
19. 注册会计师应当在审计报告中增加强调事项段的是（　　）。
    A. 该事项未被确定为关键审计事项
    B. 该事项未被确定为其他事项
    C. 该事项未被确定为导致注册会计师发表非无保留意见的事项
    D. 财务报表未按照通用目的编制基础编制，而是按照特殊目的编制基础编制
20. 针对在审计报告中增加其他事项段，以下说法错误的是（　　）。
    A. 对两套以上财务报表出具审计报告的情形
    B. 在其他事项段的事项，不能被确定为在审计报告中沟通的关键审计事项
    C. 与限制审计报告分发和使用相关的事项，可以在审计报告其他事项段中说明
    D. 被审计单位提前应用对财务报表有广泛影响的新会计准则，可以在审计报告其他事项段中说明

二、多项选择题

1. 按审查书面资料的技术内容划分，审计方法包括（　　）。
   A. 审阅法　B. 核对法　C. 分析法　D. 复算法　E. 验算法
2. 验证客观事物的常用方法（　　）。
   A. 盘点法　B. 调节法　C. 观察法　D. 查询法　E. 鉴定法
3. 在了解被审计单位财务业绩的衡量和评价时，注册会计师可以考虑的信息有（　　）。
   A. 信用评级机构报告
   B. 证券研究机构的分析报告
   C. 经营统计数据
   D. 员工业绩考核与激励性报酬政策
4. 注册会计师了解被审计单位及其环境的过程中，通常包含（　　）。
   A. 被审计单位的内部控制
   B. 被审计单位的性质
   C. 被审计单位对会计政策的选择和应用
   D. 对被审计单位财务业绩的衡量和评价
5. 下列因素构成了解被审计单位性质的有（　　）。
   A. 被审计单位所有权结构　B. 经营活动
   C. 分配活动　D. 组织结构

6. 审计业务约定书的作用包括（　　）。
   A. 记录和确认审计业务的委托与受托关系
   B. 明确审计目标和范围
   C. 明确双方的责任
   D. 规定报告格式
7. 审计业务约定书的基本内容有（　　）。
   A. 财务报表审计的目标与范围
   B. 注册会计师的责任
   C. 管理层的责任
   D. 指出用于编制财务报表所适用的财务报告编制基础
8. 下列可以作为确定整体重要性水平基准的财务数据有（　　）。
   A. 总资产　　B. 固定资产　　C. 营业收入　　D. 费用总额
9. 在确定实际执行的重要性水平时，注册会计师需要考虑的事项有（　　）。
   A. 对被审计单位的了解
   B. 前期审计工作中识别出的错报的性质和范围
   C. 根据前期识别出的错报对本期错报所做的预期
   D. 初始确定的重要性水平的数值
10. 关于审计计划的陈述，正确的有（　　）。
    A. 确定对项目组成员的指导、监督
    B. 确定对项目组成员工作进行复核的性质、时间安排和范围
    C. 考虑单个项目组成员的专业素质和胜任能力
    D. 审计计划应由审计项目负责人编制
11. 审计实施过程中，注册会计师提高审计程序不可预见性的方法有（　　）。
    A. 对某些以前未测试过的低于设定的重要性水平或风险较小的账户余额和认定实施实质性程序
    B. 调整实施审计程序的时间，使其超出被审计单位的预期
    C. 采取不同的审计抽样方法，使当期抽取的测试样本与以前有所不同
    D. 选取不同的地点实施审计程序，或预先不告知被审计单位所选定的测试地点
12. 控制测试使用的审计程序的类型有（　　）。
    A. 询问　　B. 观察　　C. 检查　　D. 重新执行
13. 实质性程序包括（　　）。
    A. 细节测试　　B. 分析性分析程序
    C. 内控测试　　D. 确定重要性水平
14. 审计报告是注册会计师在实施审计工作的基础上对被审计单位会计报表发表审计意见的书面文件，用于向（　　）报告公司的财务运行情况。
    A. 公司董事会　　B. 公司管理层
    C. 全体股东　　D. 社会公众

15. 审计报告的种类包括（　　）。
A. 无保留意见　　B. 保留意见
C. 否定意见　　D. 无法表示意见

16. 注册会计师出具标准审计报告，需要满足（　　）条件。
A. 审计范围未受到重大限制，获取的审计证据充分、适当
B. 根据获取的审计证据，得出财务报表不存在重大错报的结论
C. 不存在需要说明、强调的事项和其他事项
D. 无法获取充分、适当的审计证据，不能得出财务报表整体不存在重大错报的结论

三、分析题

甲会计师事务所的 A 注册会计师担任多家被审计单位 2021 年度财务报表审计的项目合伙人，遇到下列与审计报告相关事项：

（1）乙公司为甲会计师事务所 2021 年度承接的新客户。前任注册会计师由于未就 2019 年 12 月 31 日存货余额获取充分、适当的审计证据，对乙公司 2020 年度财务报表发表了保留意见。审计项目组因此认为，导致保留意见的事项对本期数据本身没有影响。

（2）2021 年 10 月，上市公司丙公司因涉嫌信息披露违规被证券监管机构立案稽查。截至审计报告日，尚无稽查结论。管理层在财务报表附注中披露了上述事项。

假定不考虑其他条件，指出 A 注册会计师应当出具何种类型的审计报告，并简要说明理由。

第四章　审计证据与审计工作底稿

一、单项选择题

1. 注册会计师执行会计报表审计业务获取的下列审计证据中，可靠性最强的是（　　）。

   A. 购物发票　　　　B. 销货发票

   C. 采购订货单副本　　　　D. 应收账款函证回函

2. 以下关于审计证据可靠性的表述不正确的是（　　）。

   A. 从外部独立来源获取的审计证据比从其他来源获取的审计证据更可靠

   B. 内部控制有效时内部生成的审计证据比内部控制薄弱时内部生成的审计证据更可靠

   C. 注册会计师推理得出的审计证据比直接获取的审计证据更可靠

   D. 从原件获取的审计证据比从传真或复印件获取的审计证据更可靠

3. 充分性和适当性是审计证据的两个重要特征，下列关于审计证据的充分性和适当性的表述不正确的是（　　）。

   A. 充分性和适当性两者缺一不可，只有充分且适当的审计证据才是有证明力的

   B. 审计证据质量越高，需要的审计证据数量可能越少

   C. 被审计单位内部控制健全时生成的审计证据更可靠，注册会计师只需获取适量的审计证据，就可以为发表审计意见提供合理的基础

   D. 如果审计证据的质量存在缺陷，注册会计师必须收集更多数量的审计证据，否则无法形成审计意见

4. 在确定审计证据相关性时，下列事项不属于注册会计师应当考虑的是（　　）。

   A. 特定的审计程序要能为某些认定提供相关的审计证据，而与其他认定无关

   B. 针对同一项认定可以从不同来源获取审计证据或获取不同性质的审计证据

   C. 从外部独立来源获取的审计证据比从其他来源获取的审计证据更相关

   D. 与特定认定相关的审计证据并不能替代与其他认定相关的审计证据

5. 注册会计师实施的下列审计程序中，属于重新执行的是（　　）。

   A. 注册会计师利用被审计单位的银行存款日记账和银行对账单，重新编制银行存款余额调节表，并与被审计单位编制的银行存款余额调节表进行比较

   B. 以人工方式或使用计算辅助审计技术，对记录或文件中的数据计算的准确性进行核对

   C. 对应收账款余额或银行存款的函证

   D. 对客户执行的存货盘点或控制活动进行观察

6. 为证实 W 公司所记录的资产是否均由 W 公司拥有或控制，记录的负债是否均为 W 公司应当履行的偿还义务，注册会计师采用下列哪种程序能够获取充分、适当

的审计证据（　　）。

A. 检查有形资产　　　　B. 检查文件或记录

C. 重新执行　　　　D. 询问

7. 甲公司将2020年度的营业收入列入2019年度的财务报表，则其2019年度财务报表存在错误的认定是（　　）。

A. 截止　　B. 计价工分摊　　C. 发生　　D. 完整性

8. 被审计单位当年建造完工的厂房已投入使用并办理了固定资产竣工决算手续，但注册会计师发现在建造厂房的“工程技术”中有多笔职工福利开支费，显然，被审计单位固定资产报表项目不正确的认定是（　　）。

A. 存在　　B. 完整性　　C. 计价或分摊　　D. 分类和可理解性

9. 甲公司将2019年度的主营业务收入列入2020年度的财务报表，则针对2019年度财务报表存在错误的认定是（　　）。

A. 存在　　B. 发生　　C. 完整性　　D. 准确性

10. 如果被审计单位将其固定资产用作某笔长期贷款项目的抵押物，但没有在财务报表附注中披露，则其违反的认定是（　　）。

A. 计价和分摊　　　　B. 完整性

C. 发生以及权利和义务　　　　D. 准确性和计价

11. 甲公司当年购入设备一台，会计部门在入账时，漏记了该设备的运费，则违反的认定是（　　）。

A. 存在　　B. 完整性　　C. 计价和分摊　　D. 截止

12. A注册会计师在对XYZ股份有限公司2020年财务报表进行审计时发现，被审计单位未将其一年内到期的长期负债在流动负债项下单独列示，注册会计师对该项目审计目标的相关认定是（　　）。

A. 存在　　B. 完整性　　C. 计价和分摊　　D. 截止

13. 如果在归档期间对审计工作底稿做出的变动是属于事务性的，注册会计师可以做出变动，其中不属于事务性变动的是（　　）。

A. 删除或废弃部分审计工作底稿

B. 对审计工作底稿进行分类、整理和交叉索引

C. 对审计档案归整工作的完成核对表签字认可

D. 记录在审计报告日前获取的、与审计项目组相关成员进行讨论并取得一致意见的审计证据

14. 审计工作底稿的归档期限是（　　）。

A. 审计报告日后30天　　　　B. 审计日后60天

C. 审计业务约定书后60天　　　　D. 审计业务中止后90天

15. 注册会计师在对ABC有限责任公司2020年度财务报表进行审计时，为查清某项固定资产的原始价值，查阅了事务所2016年审计该项固定资产的工作底稿。本次审计于2021年3月完成，则注册会计师查阅的该项固定资产的工作底稿

应（　　）。

A. 至少保存至 2026 年　　B. 至少保存至 2030 年

C. 至少保存至 2031 年　　D. 长期保存

16. 下列关于审计证据质量的说法错误的是（　　）。

A. 审计证据的适当性是对审计证据质量的衡量

B. 审计证据的质量与审计证据的可靠性和相关性有关

C. 注册会计师可以通过获取更多的审计证据来弥补证据质量的缺陷

D. 给定重大错报风险水平，需要获取的审计证据数量受证据质量的影响

17. 以下不属于函证内容的是（　　）。

A. 函证对象　　B. 函证范围　　C. 函证时间　　D. 函证地点

18. 以下关于审计证据的说法错误的是（　　）。

A. 审计证据质量越高，需要的审计证据可能越少

B. 评估的重大错报风险越高，需要的审计证据可能越多

C. 计划从实质性程序获取的保证程度越高，需要的审计证据可能越多

D. 初步评估的控制风险越低，需要通过控制测试获取的审计证据可能越少

19. 关于审计证据可靠性的表述，错误的是（　　）。

A. 应收账款询证函原件比传真件可靠

B. 银行对账单比银行询证函回函可靠

C. 检查营业收入明细账比询问销售人员的口头回复可靠

D. 不同部门员工对同一问题回答一致的口头证据在得到不同信息证实后的可靠性会提高

20. 关于审计证据相关性的表述，错误的是（　　）。

A. 审计证据越可靠，其相关性也越高

B. 关于某一特定认定的审计证据，不能代替与其他认定相关的审计证据

C. 特定审计程序可能只为某些认定提供相关证据，而与其他认定无关

D. 用作审计证据的信息相关性可能受到控制测试和细节测试方向的影响

21. 下列关于审计证据适当性的说法错误的是（　　）。

A. 审计证据的适当性不受审计证据充分性的影响

B. 审计证据的适当性包括相关性和可靠性

C. 审计证据的适当性影响审计证据的充分性

D. 审计证据的适当性是对审计证据质量和数量的衡量

22. 下列关于询问程序的说法错误的是（　　）。

A. 询问适用于风险评估、控制测试和实质性程序

B. 询问可以以口头或书面方式进行

C. 注册会计师应当就管理层对询问做出的口头答复获取书面声明

D. 询问指注册会计师向被审计单位内部或外部的知情人员获取财务信息和非财务信息，并对答复进行评价的过程

23. 关于分析程序的说法，正确的为（　　）。

A. 分析程序是指注册会计师通过分析不同财务数据之间的内在关系对财务信息做出评价

B. 注册会计师无须在了解被审计单位及其环境的各个方面都实施分析程序

C. 细节测试比实质性分析程序更能有效地将认定层次的检查风险降至可接受的水平

D. 用于总体复核的分析程序的主要目的在于识别那些可能表明财务报表存在重大错报风险的异常变化

24. 对营业收入进行细节测试时，注册会计师对顺序编号的销售发票进行了检查。针对所检查的销售发票，注册会计师记录的识别特征通常是（　　）。

A. 销售发票的开具人　　B. 销售发票的编号

C. 销售发票的金额　　D. 销售发票的付款人

25. 会计师事务所应当自审计报告日起，对审计工作底稿至少保存（　　）。

A. 3 年　　B. 5 年　　C. 10 年　　D. 15 年

26. 以下记录或文件中，通常不作为审计工作底稿的是（　　）。

A. 审计业务约定书

B. 有关重大事项的往来函件

C. 项目组与被审计单位举行的会议记录

D. 审计过程中初步思考的记录

27. 会计师事务所在归档期间对审计工作底稿可以做出的事务性变动不包括（　　）。

A. 删除或废弃部分审计工作底稿

B. 对审计工作底稿进行分类、整理和交叉索引

C. 对审计档案规整工作的完成核对表签字认可

D. 记录在审计报告日前获取的、与项目组相关成员进行讨论并达成一致意见的审计证据

28. 下列事项中，属于注册会计师在归档期间对审计工作底稿做出事务性变动的是（　　）。

A. 修改或增加审计工作底稿的理由

B. 修改或增加审计工作底稿的时间和人员，以及复核的时间和人员

C. 注册会计师对审计档案规整工作的完成核对表签字认可

D. 注册会计师记录在审计报告日后实施补充审计程序获取的审计证据

29. 注册会计师对被审计单位 2018 年度财务报表进行审计，于 2019 年 3 月 9 日出具审计报告，相关审计工作底稿于 2019 年 4 月 30 日归档。关于审计工作底稿的保存期限，下列说法正确的是（　　）。

A. 自 2018 年 12 月 31 日起至少 10 年

B. 自 2019 年 3 月 9 日起至少 10 年

C. 自 2019 年 3 月 10 日起至少 10 年

D. 自 2019 年 4 月 30 日起至少 10 年

30. 在例外情况下，如果在审计报告日后实施了新的或追加审计程序，或得出新的结论，应当形成相应的审计工作底稿。下列无须包括在审计工作底稿中的是（　　）。

A. 有关例外情况的记录

B. 实施的新的或追加的审计程序、获取的审计证据、得出的结论及对审计报告的影响

C. 对审计工作底稿做出相应变动的时间和人员及复核的时间和人员

D. 审计报告日后，修改后的被审计单位财务报表草稿

二、多项选择题

1. 下列能够构成审计证据的有（　　）。

A. 注册会计师在本期审计中获取的信息

B. 被审计单位聘请的专家编制的信息

C. 注册会计师在以前审计中获取的信息

D. 会计师事务所在接受业务委托时实施质量控制获取的信息

2. 注册会计师在审计业务实践中，需要获取（　　）的审计证据。

A. 充分　　B. 可靠　　C. 重要　　D. 适当

3. 下列属于为获取审计证据实施的审计程序的有（　　）。

A. 重新计算　　B. 观察　　C. 询问　　D. 分析程序

4. 影响注册会计师是否实施函证决策的有（　　）。

A. 评估的认定层次重大错报风险

B. 被审计单位管理层的配合程度

C. 函证信息与特定认定的相关性

D. 被询证者的客观性

5. 关于运用分析程序的目的，下列说法正确的是（　　）。

A. 在实施风险评估程序时，了解被审计单位及其环境

B. 在实施风险评估程序时，了解被审计单位内部控制

C. 当使用分析程序比细节测试能更有效地将认定层次的检查风险降至可接受的水平时，用作实质性程序

D. 在审计结束或临近结束时，对财务报表进行总体复核

6. 注册会计师编制审计工作底稿的目的有（　　）。

A. 有助于项目组计划和执行审计工作

B. 保留对未来审计工作持续产生重大影响的事项的记录

C. 便于监管机构对会计师事务所实施执业质量检查

D. 便于后任注册会计师的查阅

7. 在确定审计工作底稿的格式、要素和范围时，考虑的因素有（　　）。
   A. 已获取审计证据的重要程度
   B. 审计工作底稿的归档期限
   C. 编制审计工作底稿使用的文字
   D. 拟实施审计程序的性质
8. 下列情况，注册会计师一定要使用分析程序的有（　　）。
   A. 了解被审计单位及其环境，识别和评估财务报表重大错报风险
   B. 用作实质性程序，识别重大错报
   C. 对财务报表进行总体复核
   D. 应对舞弊导致的特别风险
9. 如果注册会计师在其中实施了实质性程序，并计划对剩余期间实施实质性分析程序，此时应当考虑的因素有（　　）。
   A. 数据的可靠性　　B. 可接受的差异额
   C. 评价预期值的准确程度　　D. 分析程序对特定认定的适用性
10. 下列有关函证的表述不正确的是（　　）。
   A. 函证是仅依靠邮寄方式来获取证据的程序
   B. 银行存款函证仅适用于银行账户中存在余额的项目
   C. 询证函应该以被审计单位的名义发出
   D. 如果应收账款期末余额较小，则不需要函证
11. 内部证据在下列哪些情况下可靠性较强（　　）。
   A. 在外部流转　　B. 经注册会计师验证
   C. 有健全有效的内部控制制度　　D. 被审计单位管理当局声明
12. 以下对审计证据的描述正确的有（　　）。
   A. 财务报表依据的会计记录一般包括对初始分录的记录和支持性记录
   B. 会计记录中含有的信息本身并不足以提供充分的审计证据作为对财务报表发表审计意见的基础，注册会计师还应当获取用作审计证据的其他信息
   C. 可用作审计证据的其他信息包括注册会计师从被审计单位内部或外部获取的会计记录以外的信息
   D. 财务报表依据的会计记录中包含的信息和其他信息共同构成了审计证据，两者缺一不可
13. 审计证据的充分性是对审计证据数量的衡量，主要与以下哪些因素有关（　　）。
   A. 注册会计师的经验　　B. 重大错报风险
   C. 审计项目的重要程序　　D. 审计证据的质量
14. 注册会计师在评价审计证据的充分性和适当性时特别要考虑以下方面(　　)。
   A. 对文件记录可靠性的考虑　　B. 使用被审计单位生成信息的考虑
   C. 证据相互矛盾时的考虑　　D. 获取审计证据时对成本的考虑

15. 注册会计师在下列情况下实施控制是必要的（　　）。
   A. 风险评估程序不能识别出重大错报风险时
   B. 在评估认定层次重大错报风险时，预期控制的运行是有效的
   C. 仅实施实质性程序不足以提供有关认定层次的充分、适当的审计证据
   D. 评估的重大错报风险较高
16. 注册会计师应当及时编制审计工作底稿，其主要目的体现在（　　）。
   A. 提供充分、适当的记录作为审计报告的基础
   B. 提高审计工作效率
   C. 保证审计意见进行有效复核
   D. 保证审计结论进行有效复核
17. 审计工作底稿通常包括（　　）。
   A. 审计策略和具体审计计划
   B. 分析表、问题备忘录、重大事项概要
   C. 询证函回函、管理层声明书、核对表
   D. 有关重大事项的往来信件
18. 会计师事务所对审计工作底稿应实施以下哪些适当的审计程序（　　）。
   A. 保存底稿并对审计工作底稿保密
   B. 保证审计工作底稿的完整性
   C. 便于对审计工作底稿的使用和检索
   D. 按照规定的期限保存审计工作底稿

三、分析题

1. A 会计师事务所负责审计甲公司 2020 年度财务报表。审计工作底稿中与函证相关的部分内容如下：
   （1）甲公司 2020 年年末的一笔大额银行借款已于 2021 年年初到期归还。注册会计师检查了还款凭证等支持性文件，结果满意，决定不实施函证程序，并在审计工作底稿中记录不实施函证程序的理由。
   （2）注册会计师对应收乙公司的款项实施了函证程序。因回函显示无差异，注册会计师认可了管理层对应收乙公司账款不计提坏账准备的处理。
   （3）注册会计师评估认为应付账款存在低估风险，因此在询证函中未填列甲公司账面余额，而是要求被询证者提供余额信息。
   针对以上事项，指出注册会计师的做法是否恰当。若不恰当，简要说明理由。
2. 丙注册会计师负责审计多家被审计单位 2020 年度财务报表。与审计工作底稿相关的部分事项如下：
   （1）因无法获取充分、适当的审计证据，丙注册会计师在 2021 年 2 月 28 日中止了 A 公司 2020 年度财务报表审计业务。考虑到该业务可能重新启动，丙注册会计师未将审计工作底稿归档。

（2）将乙公司2020年度财务报表审计工作底稿归档后，丙注册会计师知悉乙公司已于2021年4月清算并注销，认为无须保留与乙公司相关的审计档案，决定销毁。

针对以上事项，指出注册会计师的做法是否恰当。若不恰当，简要说明理由。

第五章　内控控制制度与审计风险

一、单项选择题

1. 下列关于审计风险的说法错误的是（　　）。
   A. 审计风险并不是指注册会计师执业行为的法律后果
   B. 重大错报风险独立于财务报表审计存在
   C. 检查风险通常不可能降低为零
   D. 若可接受审计风险为10%，评估的重大错报风险为35%，则可接受的检查风险为20%.
2. 关于检查风险的说法，错误的是（　　）。
   A. 检查风险取决于审计程序设计的合理性和执行的有效性
   B. 注册会计师应当合理设计审计程序的性质、时间安排和范围，并有效执行审计程序以检查控制风险
   C. 给定审计风险水平，可接受的检查风险与注册会计师需要的审计证据同向相关
   D. 给定审计风险水平，可接受的检查风险与认定层次重大错报风险反向相关
3. 下列属于控制环境要素的是（　　）。
   A. 对诚信和道德价值观念的沟通和落实
   B. 内部审计的职能范围
   C. 治理层的参与
   D. 人力资源政策与实务
4. 下列属于对控制的监督的是（　　）。
   A. 授权与批准　　　　B. 职权与责任的分配
   C. 业绩评价　　　　D. 内审部门定期评估控制的有效性
5. 注册会计师在确定某项重大错报风险是否为特别风险时，通常无须考虑的是（　　）。
   A. 交易的复杂程度
   B. 风险是否涉及重大的关联方交易
   C. 被审计单位财务人员的胜任能力
   D. 财务信息计量的主观程度
6. 注册会计师在确定特别风险时不需要考虑的是（　　）。
   A. 潜在错报的重大程度　　　　B. 控制对相关风险的抵销效果
   C. 错报发生的可能性　　　　D. 风险的性质
7. 下列各项控制中，属于检查性控制的是（　　）。
   A. 出纳不能兼任收入或支出的记账工作

B. 财务总监复核并批准财务经理提出的撤销银行账号的申请
C. 财务经理根据其权限复核并批准相关付款
D. 财务经理复核会计编制的银行存款余额调节表

8. 下列情形表明存在财务报表层次重大错报风险的是（　　）。
A. 被审计单位的竞争者开发的新产品上市
B. 被审计单位从事复杂的金融工具投资
C. 被审计单位资产的流动性出现问题
D. 被审计单位存在重大的关联方交易

9. 下列有关特别风险的说法正确的是（　　）。
A. 注册会计师应当将管理层凌驾于控制之上的风险评估为特别风险
B. 注册会计师应当了解并测试与特别风险相关的控制
C. 注册会计师应当对特别风险实施细节测试
D. 注册会计师在判断重大错报风险是否为特别风险时，应当考虑识别出的控制对于相关风险的抵销效果

10. 关于了解内部控制的说法正确的是（　　）。
A. 注册会计师应当了解内部控制，无论内部控制设计是否有效
B. 注册会计师应当了解内部控制，除非内部控制设计无效
C. 对于一项自动化应用控制，只要信息技术一般控制未发生变化，注册会计师就无须了解
D. 针对经营目标的控制和合规目标相关的控制，注册会计师无须了解

二、多项选择题

1. 审计风险模型中，重大错报风险可分为（　　）。
A. 检查风险　B. 固有风险　C. 控制风险　D. 系统风险

2. 导致审计固有限制的情况有（　　）。
A. 注册会计师没有调查被审计单位涉嫌违法行为所必要的法律权力
B. 被审计单位管理层可能拒绝提供注册会计师要求的信息
C. 存在一些财务报表项目涉及主观决策、评估或一定程度的不确定性
D. 注册会计师将重心放在最可能发生错报的领域

3. 与重大错报风险相关的表述错误的有（　　）。
A. 重大错报风险是因错误使用审计程序而产生的
B. 重大错报风险可通过合理实施审计程序予以控制
C. 重大错报风险独立于财务报表审计而存在
D. 重大错报风险是假定不存在相关内部控制，某一认定发生重大错报的可能性

4. 控制活动有助于确保管理层指令得以执行，其内容包括（　　）。
A. 授权　B. 业绩评价
C. 信息处理　D. 实物控制和职责分离

5．下列有关固有风险和控制风险的说法，错误的有（　　）。
　A．固有风险和控制风险与被审计单位的风险相关，独立于财务报表审计而存在
　B．财务报表层次和认定层次的重大错报风险可以细分为固有风险和控制风险
　C．注册会计师无法单独对固有风险和控制风险进行评估
　D．固有风险始终存在，而运行有效的内部控制可以消除控制风险
6．下列有关风险评估程序的说法正确的是（　　）。
　A．如果注册会计师未实施风险评估程序，则其不能评估财务报表重大错报风险
　B．注册会计师常常采用分析程序识别和评估控制风险
　C．实施风险评估程序的目的是识别和评估财务报表重大错报风险
　D．风险评估程序包括询问管理层和被审计单位内部其他人员、分析程序、观察和检查
7．以下审计程序属于风险评估程序的有（　　）。
　A．询问管理层业绩考核指标完成情况
　B．实施穿行测试，了解销售与收款业务环节内部控制设计是否存在缺陷
　C．分析行业状况和被审计单位当年的毛利率变动情况
　D．分析应收账款账龄，复核计提的坏账准备是否准确
8．下列情形中，注册会计师认为通常适合采用信息技术控制的有（　　）。
　A．存在大量、重复发生的交易
　B．存在大额、异常的交易
　C．存在难以定义和防范的错误
　D．存在事先确定并一贯运用的业务规则
9．在确定特别风险时，注册会计师的下列做法正确的是（　　）。
　A．直接假定应收账款存在特别风险
　B．将管理层舞弊导致的重大错报风险确定为特别风险
　C．直接假定存货存在特别风险
　D．将管理层凌驾于控制之上的风险确定为特别风险
10．下列各项中，注册会计师应当评估为存在特别风险的有（　　）。
　A．舞弊导致的重大错报风险
　B．具有高度估计不确定性的重大会计估计事项
　C．管理层凌驾于控制之上的风险
　D．超出正常经营过程的重大关联方交易

三、分析题

1．C和D注册会计师负责审计Y公司2020年度财务报表，于2020年12月1日至12月15日对Y公司的相关内部控制进行了解、测试与评价。C和D注册会计师计划实施以下程序以了解相关内部控制：
　（1）询问Y公司有关人员，并查阅相关内部控制文件。

（2）检查内部控制生成的文件和记录。

假定不考虑其他条件，请指出 C 和 D 注册会计师还可以选择实施哪些审计程序以了解相关内部控制。

第六章　货币资金与应收款项审计

一、单项选择题

1. 关于货币资金的岗位分工及授权批准的说法，正确的是（　　）。
   A. 出纳员登记现金日记账
   B. 出纳员登记应付账款明细账
   C. 每月月末，出纳员编制银行存款余额调节表
   D. 每月月末，出纳员将银行对账单与银行存款日记账进行核对
2. 下列最能预防员工挪用现金收入的是（　　）。
   A. 会计主管每日复核现金汇总表与现金日记账是否相符
   B. 负责现金收支的岗位与应收账款记账岗位职责分离
   C. 每一笔应收账款在作为坏账处理前均由董事会审批
   D. 会计主管审查出纳员记录的每一笔现金收入
3. 下列最能预防员工贪污、挪用销售货款的控制活动是（　　）。
   A. 记录应收账款明细账的人员不得登记固定资产明细账
   B. 收取顾客支票与收取顾客现金由不同人员担任
   C. 请顾客将货款直接汇入公司指定银行账户
   D. 公司收到顾客支票后立即寄送收据给顾客
4. 被审计单位应当参加库存现金盘点的人员是（　　）。
   A. 出纳员和应收账款记账员
   B. 出纳员和总会计师
   C. 出纳员和会计主管
   D. 财务经理和会计主管
5. 针对被审计单位某银行账户的对账单余额与银行存款日记账余额不符，注册会计师实施的审计程序中最有效的是（　　）。
   A. 检查该银行账户的银行存款余额调节表
   B. 重新测试相关的内部控制
   C. 检查银行存款日记账中记录的资产负债表日前后的收付情况
   D. 检查银行对账单中记录的资产负债表日前后的收付情况
6. 适当的职责分离有助于防止各种有意的或无意的错误，以下表述中进行了适当的职责分离的是（　　）。
   A. 负责应收账款记账的职员负责编制银行存款余额调节表
   B. 由某一会计专门负责应收票据的取得、贴现和保管
   C. 在销售合同订立前，由专人就销售价格、信用政策、发货及收款方式等具体事项与客户进行谈判

D. 编制销售发票通知单的人员同时开具销售发票

7. 为了证实被审计单位登记入账的销售是否均经正确的计价，下列程序中最无效的是（ ）。
   A. 将销售发票上的数量与发运凭证上的数量相核对
   B. 将销售发票上的单价与商品价目表上的金额相核对
   C. 将销售单上的金额与顾客订货单上的金额相核对
   D. 将发运凭证上的数量与销售单上的数量相核对

8. 注册会计师对被审计单位的营业收入进行审计时，往往要实施以下审计程序，其中与证实管理层对营业收入项目的“完整性”认定关系最为密切的审计程序是（ ）。
   A. 从发运凭证中选择取样本，追查至销售发票存根和主营业务收入明细账
   B. 检查售后租回的情况，若售后租回形成一项融资租赁，核实是否对售价与资产账面价值之间的差额予以递延，并按该项租赁资产的折旧进度进行分摊，作为折旧费用调整
   C. 确定被审计单位主营业务收入会计记录的归属期是否正确，应计入本期或下期的主营业务收入是否存在推迟或提前的情况
   D. 计算本期重要产品的毛利率，并与上期进行比较，同时注意收入与成本是否配比，并查清重大变动和异常情况的原因

9. 下列关于营业收入审计的说法正确的是（ ）。
   A. 被审单位出售无形资产和出租无形资产取得的收益，均作为其他业务收入处理，注册会计师在审计时认同了被审单位的这一做法
   B. 被审单位销售合同或协议明确销售价款的收取采用递延方式，实质上具有融资性质，应当按照应收的合同或协议价值确定销售商品收入金额
   C. 被审单位存在近郊性房地产业务，本期对外销售了公允价值模式下的投资性房地产，注册会计师在审计时，认可了企业将持有期间产生的公允价值变动损益转入到营业外收入科目的做法
   D. 被审计单位期末有预收款项的所属明细科目的借方余额，应该在预付账款项目中列示

10. 如果应收账出现贷方余额，注册会计师应当提请被审计单位编制重分类分录，以便在资产负债表中反映的项目是（ ）。
    A. 预付款项　　B. 应付账款
    C. 应收账款　　D. 预收款项

11. 对大额逾期应收账款如无法获取询证函回函，则注册会计师应（ ）。
    A. 审查所审期间应收账款的回收情况
    B. 审查与销货有关的订单、发票、发运凭证等文件
    C. 了解大额应收账款客户的信用情况
    D. 提请被审计单位调整该项应收账款报表金额

12. L注册会计师对M公司2006年的报表实施审计，在审计坏账准备时注意到以下事项，其中会计处理正确的是（　　）。
   A. 2006年3月M公司销售一批产品给A公司，2006年11月，该公司某产品因质量问题造成大量退货和索赔，A公司很难继续经营，该笔货款很可能无法收回。由于该账款属当年发生，M公司在2006年年末对该应收账款全额计提坏账准备
   B. M公司于2006年11月向某公司预付了材料采购款，由于该公司因停产而无法履行交货义务，M公司将该预付账款转为其他应收款并计提相应坏账准备
   C. M公司获知某公司已经严重资不抵债，收款无望，因此，对应收该公司尚未逾期的货款全额计提坏账准备
   D. M公司应收某关联公司的货款截至2006年年末已逾期3年以上，原因是对方长期处于停产状态而无力偿还，考虑到该公司为关联方，M公司未全额计提坏账准备
13. 对于赊销业务，被审计单位都会设计信用批准制度，目的是降低发生坏账的风险，这项控制与收账款的(　　)认定有关。
   A. 存在　　B. 计价和分摊　　C. 完整性　　D. 权利和义务
14. 下列有关被审计单位收入的确认中，注册会计师不认可的是（　　）。
   A. 在代销商品方式下，如果委托方与受托方之间的协议明确表明，将来受托方没有将商品售出时可以将商品退回给委托方，或受托方因代销商品出现亏损时可以要求委托方补偿，那么委托方在交付商品时不能确认收入
   B. 在商品需要安装和检验的销售方式下，购买方在接受交货以及安装和检验完毕前一般不应确认收入；但如果安装程序比较简单，或检验是为最终确定合同价格而必须进行的程序，则可以在商品发出时，或在商品装运时确认收入
   C. 在分期收款销售方式下，虽然实质上是具有融资性质的销售，但是企业仍然不可以在销售满足确认条件的情况下，确认主营业务收入
   D. 售后回购一般情况下不应确认收入，但如果售后回购满足收入的确认条件，销售的商品按照售价确认收入，回购的商品作为购进商品处理
15. 注册会计师核对资产负债表日前后的销货发票的日期与登记入账的日期是否一致，其主要目的是进行(　　)测试。
   A. 发生　　B. 完整性
   C. 分类和可理解性　　D. 截止
16. 注册会计师在对被审计单位营业收入进行审计时，运用了实质性分析程序，即比较本期各月各类主营业务收入的波动情况，主要是为了实现（　　）。
   A. 是否符合被审计单位季节性、周期性的经营规律，并查明异常现象和重大波动原因
   B. 注意收入与成本是否配比，并查清重大波动和异常情况的原因
   C. 分析产品销售的结构和价格的变动是否正常，并分析异常变动的原因

D. 分析销售业务的分类是否正确

17. 在对询证函的以下处理方法中，不恰当的是（　　）。

A. 将询证函以被审计单位的名义发出，可交由被审计单位填写，然后由注册会计师亲自寄发

B. 注册会计师应在函证时，对某一账户 50 万元的应收账款，在函证中故意写为 80 万元

C. 注册会计师认为对方会认真对待询证函的，采用消极式函证方式

D. 注册会计师应当直接接收询证函，并要求被询证者及时寄回询证函原件

18. 应收账款询证函上的签章者应是（　　）。

A. 被审计单位　　B. 会计师事务所

C. 注册会计师　　D. 函证的对象

19. 注册会计师通常将应收账款的函证时间安排在（　　）。

A. 资产负债表日后，以资产负债表日为截止日

B. 资产负债表日前适当日期为截止日

C. 预审的日期

D. 审计工作结束日

20. 如果大额逾期的应收账款经第二次函证仍未回函，注册会计师应当执行的审计程序是（　　）。

A. 增加对应收账款的控制测试

B. 提请被审计单位增列坏账准备

C. 审查应收账款明细账

D. 审查顾客订货单、销售发票及产品发运记录

21. 注册会计师对被审计单位实施销售业务截止测试，主要目的是检查（　　）。

A. 年底应收账款的真实性　　B. 是否存在过多的销售折扣

C. 销售业务的入账时间是否正确　　D. 销售退回是否已经标准

22. 在以下销售与收款授权审批关键点控制中，未做到恰当控制的是（　　）。

A. 在销售发生之前，赊销已经正确审批

B. 未经赊销批准的销货一律不准发货

C. 销售价格、销售条件、运费、折扣由销售人员根据客户情况进行谈判

D. 对于超过既定销售政策和信用政策规定范围的特殊销售业务，采用集体决策方式

23. 主营业务收入截止测试的关键所在是检查开具发票日期、记账日期、发货日期三要素（　　）。

A. 是否在同一适当会计期间　　B. 是否临近

C. 是否在同一天　　D. 相距是否不超过 20 天

24. 注册会计师通过编制或索取应收账款龄分析表来分析应收账款龄以便了解（　　）。

A. 坏账准备的计提充分性　　B. 赊销的审批情况

C. 应收账款的可收回性　　D. 应收账款的真实性

25. 注册会计师审计应收账款的目的，不应包括（　　）。

A. 确定应收账款的存在性

B. 确定应收账款记录的完整性

C. 确定应收账款的回收期

D. 确定应收账款在财务报表上披露的恰当性

二、多项选择题

1. 对于现金付款的控制测试程序，下列说法正确的有（　　）。

A. 询问相关业务部门的部门经理和财务经理其在日常现金付款业务中执行的内部控制，以确定其是否与被审计单位内部控制政策要求保持一致

B. 询问相关业务部门的部门经理和财务经理其在日常现金付款业务中执行的内部控制，以确定内部控制是否得到执行

C. 观察财务经理复核付款申请的过程，是否核对了付款申请的用途、金额及后附相关凭证，以及在核对无误后是否签字确认

D. 重新核对经审批及复核的付款申请及相关凭据，并检查是否经签字确认

2. 注册会计师对被审计单位已发生的销货业务是否均已登记入账进行审计时，常用的控制测试程序有（　　）。

A. 检查发运凭证连续编号的完整性　　B. 检查赊销业务是否经过授权批准

C. 检查销售发票连续编号的完整性　　D. 观察已经寄出的对账单的完整性

3. 在以下销售与收款授权审批关键点控制中，下列做到恰当控制的是（　　）。

A. 在销售发生之前，赊销已经正确审批

B. 对于赊销业务，未经赊销批准的销货一律不准发货

C. 销售价格、销售条件、运费、折扣必须经过审批

D. 对于超过既定销售政策和信用政策规定范围的特殊销售业务，被审计单位采用集体决策方式

4. 注册会计师对 M 公司 2020 年的相关收入进行审计时，发现 M 公司存在以下与收入确认相关的交易处理情况，其中正确的是（　　）。

A. M 公司拟在 2020 年 12 月按合同约定给 A 公司发出产品时，对方告知由于发生巨额亏损，资金周转困难，无法承诺付款。为了保持良好的客户关系，M 公司仍于 2020 年年末交付产品，并在 2020 年年末确认相应的主营业务收入

B. M 公司确认对 B 公司销售收入计 2000 万元（不含税，增值税税率为 13%）。相关会计记录显示，销售给 B 公司的产品系按其要求定制，成本为 1800 万元，支付了 1000 万元款项，该产品尚存放于 Y 公司，且 M 公司尚未开具增值

税发票和通知 B 公司提货

C. 2020 年 12 月，M 公司销售一批商品给 C 公司。C 公司已根据 M 公司开出的发票账单支付了货款，取得了提货单，但 M 公司尚未将商品移交给 C 公司。M 公司未确认该笔收入

D. 2020 年 12 月 30 日，M 公司销售一批高档家具给 D 宾馆。该批家具总售价 1000 万元，12 月 30 日装运家具时，已收到 800 万元货款。合同约定，M 公司应将该家具送抵 D 宾馆并按照图纸摆放到各客房。M 公司在 2021 年 1 月 3 日安装摆放完毕，且收到剩余货款。2020 年，M 公司确认了营业收入 1000 万元

5. 在营业收入的确认中，注册会计师审计时，应该重点关注的日期有（　　）。

A. 发票开具日期　　B. 记账日期

C. 提供劳务日期　　D. 发货日期

6. 注册会计师收回的应收账款询证函有差异，应当查明原因。下列情况中，有可能因登记入账的时间不同而产生的不符事项有（　　）。

A. 询证函发出时，债务人已经付款，而被审计单位尚未收到货款

B. 询证函发出时，被审计单位的货物已经发出并已做销售记录，但货物仍在途中，债务人尚未收到货物

C. 债务人对收到的货物的数量、质量及价格等方面有异议而全部或部分拒付货款

D. 债务人出于某种原因将货物退回，而被审计单位尚未收到

7. 下列做法中属于注册会计师对应收账款实施的实质性分析程序的有（　　）。

A. 将当期应收账款借方发生额占销售收入净额的百分比与管理层考核指标比较

B. 复核应收账款的借方累计发生额与主营业务收入是否匹配的情况应查明原因

C. 计算应收账款周转天数等指标，并与被审计单位上年指标、同行业同期相关指标对比分析，检查是否存在重大差异

D. 计算坏账准备计提是否恰当

8. 以下对询证函的处理方法正确的有（　　）。

A. 将发出询证函的情况记录于审计工作底稿

B. 询证函经被审计单位盖章后，由注册会计师直接发出

C. 收回询证函后，将重要的回函复制给被审计单位以帮助其催收货款

D. 对以电子邮件方式回收的询证函，要求被询证单位将原件盖章后寄至会计师事务所

9. 注册会计师对被审计单位已登记入账的销货交易确系已发货给真实的顾客，常用的控制测试程序有（　　）。

A. 检查销售发票副联是否附有发运凭证（或提货单）及顾客订单

B. 检查赊销业务是否经过授权批准

C. 检查销售发票连续编号的完整性

D. 检查已经寄出的对账单的完整性

10. 被审计单位应当建立对销售与收款内部控制的监督检查制度，其监督检查的重点包括（　　）。
    A. 检查是否存在销售与收款业务不相容的职务混岗现象
    B. 检查授权批准手续是否健全，是否存在越权审批行为
    C. 检查信用政策、销售政策的执行是否符合规定
    D. 检查销售退回手续是否齐全、退回货物是否及时入库
11. 注册会计师应特别关注被审计单位有关收款业务相关内部控制内容的有（　　）。
    A. 单位应当按客户设置应收账款台账，及时登记每一位客户应收账款余额变动情况和信用额度使用情况；对长期往来客户应当建立起完善的客户资料，并对客户资料实行动态管理并及时更新
    B. 单位对可能成为坏账的应收账款应当报告有关决策机构，由其进行审查，确定是否确认为坏账；对单位发生的各项坏账，应查明原因，明确，并在履行规定的审批程序后做出会计处理
    C. 单位应当定期与往来客户通过函证等方式核对应收账款、应收票据、预收账款等往来款项。如有不符，应查明原因，及时处理
    D. 单位应当建立应收账款账龄分析制度和逾期应收账款催收制度，销售部门应当负责应收账款的催收，财会部门应当督促销售部门加紧催收。对催收无效的逾期应收账款要通过法律程序予以解决
12. 注册会计师确定应收账款函证数量的大小、范围时，应考虑的主要因素有（　　）。
    A. 应收账款在全部资产中的重要性　　B. 被审计单位内部控制的强弱
    C. 以前年度的函证结果　　D. 函证方式的选择
13. 下列做法哪些是注册会计师对主营业务收入实施的实质性分析程序（　　）。
    A. 将本期的主营业务收入与上期的主营业务收入进行比较，分析产品销售的结构和价格变动是否异常，并分析异常变动的原因
    B. 计算本期重要产品的毛利率，与上期比较，检查是否存在异常，各期之间是否存在重大波动，查明原因
    C. 比较本期各月各类主营业务收入的波动情况，分析其变动趋势是否正常，是否符合被审计单位季节性、周期性的经营规律，查明异常现象和重大波动的原因
    D. 将本期重要产品的毛利率与同行业企业进行对比分析，检查是否存在异常
14. 一般情况下，注册会计师应选择以下项目作为函证对象（　　）。
    A. 大额或账龄较长的项目
    B. 与债务人发生纠纷的项目
    C. 交易频繁但期末余额较小甚至余额为零的项目
    D. 可能产生重大错报或舞弊的非正常的项目
15. 注册会计师对应收账款函证的情况记录在工作底稿中，同时还应该评价该函证的

可靠性，下列属于注册会计师在评价函证可靠性时应当考虑的因素的是（　　）。

A. 对询证函的设计、发出以及收回的控制情况

B. 被询证者的胜任能力、独立性、授权回函情况、对函证项目的了解及其客观性

C. 被审单位是否同意注册会计师进行函证

D. 被审计单位施加的限制或回函中的限制

三、分析题

1. A 会计师事务所负责审计甲公司 2020 年度财务报表，审计项目组认为货币资金的存在和完整性认定存在舞弊导致的重大错报风险，审计工作底稿中与货币资金审计相关的内容如下：

（1）2021 年 2 月 3 日，审计项目组要求甲公司管理层于次日对库存现金进行盘点。2 月 4 日，审计项目组在现场实施了监盘，并将结果与现金日记账进行核对，未发现差异。

（2）因对甲公司管理层提供的银行账户清单的完整性存有疑虑，审计项目组前往当地中国人民银行查询并打印了甲公司已开立银行结算账户清单，结果满意。

（3）审计项目组未对年末余额小于 10 万元的银行账户实施函证，这些账户年末余额合计小于实际执行的重要性，审计项目组检查了银行对账单原件和银行存款余额调节表，结果满意。

要求：逐项指出审计项目组的做法是否恰当。如不恰当，提出改进意见。

2. 审查江北公司库存现金时，经过盘点，发现账户为贷余 360 元，实际库存 3030 元。经询问，会计人员解释，有 1 笔 3390 元的现金收入，因为对方不需要开设增值税发票，公司为了节省 13% 的税款，因此未做账。

要求：列出审计步骤、发表审计意见并编制必要的调整分录。

3. 审查熊鹏公司库存现金时，经过盘点，实际库存 350 元，而账存 5350 元。经询问，会计人员解释，有 1 笔 5000 元的办公设备维护费现金支出，因为对方未开具增值税发票，公司未做账。

要求：列出审计步骤、发表审计意见并编制必要的调整分录。

4. 审查国平公司库存现金时，经过盘点，实际库存 865. 90 元，而账存 820 元。经询问，会计人员解释，因为平时业务员报销时，有些时候没有零钱支付（都是少于 1 元的情形），之后涉及的业务员均已辞职，对方已经放弃，1 年多笔业务累积所致，因为没有原始凭证，公司未做账。

要求：发表审计意见并编制必要的调整分录。

5. 审查苏菲公司上年银行存款时，经过核对，发现公司有 1 笔 6120 元的利息收入，因未收到单据，公司因此未做账。

要求：发表审计意见并编制必要的调整分录。

6. 审查苏菲公司上年银行存款时，经过核对，发现公司有 1 笔 4500 元的利息支出，因未收到单据，公司因此未做账，但公司实际已经预提了利息 3000 元。
要求：发表审计意见并编制必要的调整分录。

第七章　存 货 审 计

一、单项选择题

1. 有关存货监盘的说法正确的是（　　）。
   A. 注册会计师在实施存货监盘过程中不应协助被审计单位的盘点工作
   B. 注册会计师实施存货监盘通常可以确定存货的所有权
   C. 由于不可预见的情况而导致无法在预定日期实施存货监盘，注册会计师可以实施替代审计程序
   D. 注册会计师主要采用观察程序实施存货监盘
2. 注册会计师注意到被审计单位的某类存货期末销售激增，导致该类存货期末库存为零。以下对该类存货采取的措施中，注册会计师难以发现可能存在虚假销售的是（　　）。
   A. 计算该类存货 12 月的毛利率，并与以前月份的毛利率进行比较
   B. 进行营业收入截止测试
   C. 监盘该类存货
   D. 选择 12 月份的大额销售客户寄发询证函
3. 关于存货监盘的做法中，注册会计师不应选择的是（　　）。
   A. 如果某类存货已做质押，则应当向债权人函证与被质押存货相关内容
   B. 如果存在受托代存的存货，应当检查该部分存货是否单独存放，并向存货所有权人函证
   C. 如果因性质特殊无法监盘，应当向其客户或供应商函证
   D. 如果被审计单位相关人员完成了存货盘点，注册会计师应当前往存货存放地点，并对已盘点存货实施检查程序
4. 针对注册会计师实施存货监盘的目的，下列说法不正确的是（　　）。
   A. 存货监盘可以获取存货完整性认定及准确性、计价和分摊认定的部分证据
   B. 存货监盘本身并不足以供注册会计师确定存货的所有权，注册会计师可能需要执行其他实质性程序以应对所有权方面的风险
   C. 存货监盘针对的主要是存货的存在认定和完整性认定
   D. 存货监盘针对的主要是存货的存在认定
5. 针对存货监盘，下列程序与测试存货盘点记录的完整性最不相关的是（　　）。
   A. 从存货盘点记录中选取项目追查至存货实物
   B. 从存货实物中选取项目追查至存货盘点记录
   C. 在存货盘点过程中关注存货的移动情况
   D. 在存货盘点结束前，再次回到存货盘点现场对存货进行观察

6. 在企业内部控制制度比较健全的情况下，下列是证明有关采购交易的“发生”认定的凭据之一，同时也是采购交易轨迹的起点的是（　　）。
   A. 订购单　　B. 请购单　　C. 验收单　　D. 付款凭单
7. 下列说法正确的是（　　）。
   A. 采购部门对经过批准的请购单发出订购单，询价后确定最佳供应商，但询价与确定供应商的职能要分离
   B. 定期独立检查验收单的顺序以确定每笔采购交易都已编制凭单，则与采购交易的“存在”认定有关
   C. 采购部门对经过批准的请购单发出订购单，询价后确定最佳供应商，但询价与确定供应商的职能可以不分离
   D. 将已验收商品的保管与采购的其他职责相分离，可减少未经授权的采购和盗用商品的风险。存放商品的仓储区应相对独立，限制无关人员接近。这些控制与商品的“完整性”认定相关
8. 在购货业务中，采购部门在收到请购单后，只能对经过批准的请购单发出订购单。订购单一般为一式五联，其副联无须送交（　　）。
   A. 编制请购单的部门　　B. 验收部门
   C. 付款部门　　D. 供应商
9. 注册会计师从被审计单位的验收单追查至相应的采购明细账，是为了证实采购与付款循环中的（　　）。
   A. 存在　　B. 完整性　　C. 计价和分摊　　D. 表达与可理解性
10. 下列审计程序中，与查找未入账款无关的有（　　）。
   A. 检查被审计单位在资产负债表日是否存在有材料入库凭证但未收到购货发票的经济业务
   B. 检查资产负债表日后收到的购货发票，关注购货发票的日期，确认其入账时间是否正确
   C. 检查资产负债表日后应付账款明细账货方发生额的相应凭证，确认其入账时间是否正确
   D. 审核应会账款账簿记录
11. 一般而言，对凭证进行连续编号是被审计单位购货业务的一项重要的内部控制措施。但对于部门较多的被审计单位，一般并不对其进行连续编号的是（　　）。
   A. 请购单　　B. 订购单　　C. 验收单　　D 付款单
12. 下列属于被审计单位健全有效的存货内部控制中需要由独立的采购部门负责的是（　　）。
   A. 编制购货订单　　B. 编制请购单
   C. 检验购入货物的数量、质量　　D. 控制存货水平以免出现积压
13. 有关存货审计的下列表述中，不恰当的是（　　）。
   A. 在被审计单位盘点存货前，注册会计师应当观察盘点现场，确定应纳入盘点

范围的存货是否已经适当整理和排列，并附有盘点标识，防止遗漏或重复盘点

B. 注册会计师应当对已盘点的存货进行适当检查，将检查结果与被审计单位盘点记录相核对，并形成相应记录

C. 被审计单位的期末存货盘点已经完成，注册会计师只能评估存货内部控制的有效性，对存货进行适当检查

D. 存货截止测试的主要方法是抽查存货盘点日前后的购货发票、验收报告（或入库单）与会计记录，检查三者的截止日期是否正确

14. A注册会计师在设计与存货项目相关的审计程序时，确定了以下审计策略，其中不正确的是（　　）。

A. 对由少数项目构成的存货，以实施实质性程序为主

B. 注册会计师采用以控制测试为主的审计方式，并准备依赖被审计单位存货盘点的控制措施与程序，则绝大部分的审计程序将限于询问、观察以及抽查

C. 对单位价值较高的存货，以实施控制测试程序为主

D. 对单位价值较高的存货，以实施实质性程序为主

15. 王萍是源启会计师事务所派往乙公司实施存货盘点的外勤人员。在乙公司盘点存货之前，王萍应当（　　）。

A. 跟随被审计单位的盘点人员

B. 观察存货盘点计划的执行情况

B. 确定存货数量和状况记录的准确性

D. 观察盘点现场存货的排列情况以及是否附有盘点标识

16. 下列关于存货监盘计划的说法中，正确的是（　　）。

A. 注册会计师应该根据自己的专业判断和往年的审计经验，编制存货监盘计划

B. 存货监盘程序是实质性程序，不包括控制测试

C. 注册会计师应该根据对被审计单位存货盘点和对被审计单位内部控制的评价结果确定检查存货的范围

D. 监盘程序主要是对存货的结存数量予以确认，它不能保证被审单位对存货拥有所有权，也不能对存货的价值提供审计证据

17. 下列有关存货计价的说法错误的是（　　）。

A. 注册会计师除了应掌握被审计单位的存货计价方法外，还应对该计价方法的合理性和一贯性予以关注，被审计单位没有足够理由，计价方法在同一会计年度内不得变动

B. 将测试结果与企业账面记录进行对比，编制存货计价测试分析表，分析形成差异的原因

C. 在测试时，如果发现被审计单位是为执行销售合同而持有存货，对于超过销售合同约定部分的存货，注册会计师仍然应该以合同价格为基础计算存货的可变现净值

D. 在进行计价测试时，注册会计师应尽可能排除被审计单位已有计算程序和结果的影响，对相关存货进行独立测试

18. 注册会计师在选择存货计价测试的样本时，一般采用的抽样方法是（　　）。
A. 随机抽样　B. 系统抽样　C. 分层抽样　D. 随意抽样

19. 如果通过监盘发现被审计单位存货账面记录与经监盘确认的存货发生重大差异，下列做法中，注册会计师采用的程序可能无效的是（　　）。
A. 提请被审计单位对已确认的差异进行调整
B. 进一步执行审计程序，查明差异产生的原因
C. 如果被审计单位不采纳注册会计师的调整意见，应根据其重要程序确定是否在审计报告中予以反映
D. 对存货进行分析程序，确认差异的真实性

20. 下列有关存货审计的表述正确的是（　　）。
A. 对存货进行监盘是证实存货“完整性”和“权利”认定的重要程序
B. 对难以盘点的存货，应根据企业存货收发制度确认存货数量
C. 存货计价审计的样本应着重选择余额较小且价格变动不大的存货项目
D. 存货截止测试的主要方法是注册会计师应当获取盘点日前后存货收发及移动的凭证，检查库存记录与会计记录期末截止是否正确

21. 注册会计师观察被审计单位存货的主要目的是（　　）。
A. 查明客户是否漏盘某些重要的存货项目
B. 鉴定存货的质量
B. 了解盘点指示是否得到贯彻执行
D. 获得存货期末是否实际存在以及其状况的证据

22. 注册会计师将被审计单位某一会计年度的毛利率与上年度进行比较，可以发现该年度被审计单位盈利能力是否正常，从而找出夸大或缩减经营业绩的原因，以下不影响毛利率变动的原因是（　　）。
A. 单位销售价格发生变动　B. 单位产品成本发生变动
C. 管理费用发生变动　D. 销售产品总体结构发生变动

23. 注册会计师监盘存货前应当确定存货盘点的范围，以下有关存货范围的确定不正确的是（　　）。
A. 在被审计单位盘点存货前，注册会计师应当观察盘点现场，确定应纳入盘点范围的存货是否已经适当整理和排列，并附有盘点标识，防止遗漏或重复盘点。对未纳入盘点范围的存货，注册会计师应当查明未纳入的原因
B. 对于被审计单位持有的受托代存存货，应纳入盘点范围
C. 对所有权不属于被审计单位的存货，注册会计师应当取得其规格、数量等有关资料，确定是否已分别存放、标明，且未被纳入盘点范围
D. 对于被审计单位委托代销的存货，注册会计师应纳入盘点范围，并向委托代销单位获取委托代管的书面确认函

24. 注册会计师对存货监盘时，除亲临现场观察被审计单位盘点外，还必须进行适当抽查，以下关于注册会计师对存货抽查的表述不正确的是（　　）。
   A. 抽查既可以是为了确证被审计单位的盘点计划得到适当的执行（控制测试），也可以是为了证实被审计单位的存货实物总额（实质性程序）
   B. 如果对价值较高的存货项目实施抽查程序，那么即使注册会计师主要采用的是控制测试，也能通过该实质性测试获得进一步的确证
   C. 抽查的范围通常包括所有盘点工作小组的盘点内容以及难以盘点或隐蔽性较强的存货
   D. 注册会计师应尽可能地让被审计单位了解自己将抽取测试的存货项目，以便双方协调提高效率

二、多项选择题

1. 在存货盘点现场实施监盘时，注册会计师应当实施的审计程序包括（　　）。
   A. 执行监盘
   B. 检查存货
   C. 评价管理层用以记录和控制存货盘点结果的指令和程序
   D. 观察管理层制定的评定程序的执行情况
2. 下列关于确定存货盘点范围的说法正确的有（　　）。
   A. 对所有权不属于被审计单位的存货，应当取得其规格、数量等相关资料，确定是否已单独存放、标明，且未被纳入盘点范围
   B. 对被审计单位未纳入盘点范围的存货，注册会计师应当直接实施替代审计程序
   C. 在被审计单位盘点存货前，注册会计师应当观察盘点现场，确定应纳入盘点范围的存货是否已适当整理和排列，并附有盘点标识，防止遗漏或重复盘点
   D. 即使在被审计单位声明不存在受托代存存货的情况下，注册会计师也应当关注是否存在某些存货不属于被审计单位的迹象，以避免盘点范围不当
3. 在考虑被审计单位受托其他单位保管的存货时，注册会计师应当拟定的审计程序有（　　）。
   A. 实施监盘
   B. 对存放于外单位的存货，通常需要向该单位获取受托代管存货的书面确认函
   C. 根据审计范围受到限制考虑对审计报告的影响
   D. 向存货的保管人函证
4. 被审计单位采购与付款循环中涉及的主要业务活动包括（　　）。
   A. 对外订购　　B. 验收商品　　C. 储存商品　　D. 付款
5. 适当的职责分离有助于防止各种有意或无意的错误，以下采购与付款业务中不相容岗位包括(　　)。
   A. 付款审批与付款执行　　B. 采购与验收

C. 采购合同的订立与审批　　　　　　D. 采购、验收与相关会计记录

6. 注册会计师应通过实施控制测试检查采购与付款业务内部控制制度是否健全，各项规定是否得到有效执行，注册会计师应监督检查以下采购与付款业务内部控制的主要内容，即（　　）。
   A. 检查采购部门是否有专人审批购货价格，检查订货单上的采购单价是否都经过事先授权批准
   B. 检查是否存在采购与付款业务不相容的职务混岗的现象
   C. 检查订货单和验收单是否都已经预先编号，检查作废的单据是否有注销的痕迹并保存良好
   D. 检查原始凭证、记账凭证和明细账的日期，判断企业的会计核算是否及时

7. 为了防止企业低估负债，注册会计师结合存货监盘应实施以下检查漏记应付账款的审计程序（　　）。
   A. 检查被审计单位在资产负债表日是否存在材料入库凭证但未收到采购发票的经济业务
   B. 检查资产负债表日后收到的采购发票，关注采购发票的日期，确认其入账时间是否正确
   C. 检查资产负债表日后应付账款明细账贷方发生额的相应凭证，确认其入账时间是否正确
   D. 注册会计师还可以询问被审计单位的会计和采购人员，查阅资本预算、工作通知单和基建合同等

8. 下列注册会计师对预付账款进行的实质性分析程序恰当的有（　　）。
   A. 比较期末余额与期初余额，分析其波动原因
   B. 通过了解预付购货款惯例以及收到货物的平均天数，分析其账龄是否合理
   C. 计算预付货款借方发生额与主营业务成本的比率，与以前各期比较，分析异常变动的原因
   D. 将预付购货款余额的增减幅度与主营业务成本的增减幅度比较，分析异常变动的原因

9. 注册会计师在对甲公司的内部控制进行调查及记录相关审计工作底稿时，注意到以下情况（假定以下情况互不相关），其中存货相关内部控制可能存在缺陷的有（　　）。
   A. 甲公司在审计年度内未对存货实施盘点，但有完整的存货会计记录和仓库记录
   B. 采用预先编号、采购价格已确定，并按获得批准的购货订单进行购货，且定期清点存货
   C. 甲公司生产产品所需的零星P材料由黄河公司代管，甲公司P材料的变动暂时不进行会计记录；另外，甲公司财务部门会计记录和仓库明细账均反映了代黄河公司保管的E材料

D. 甲公司每年 12 月 28 日后发生的存货在仓库的明细账上记录，不在财务部门的会计账上反映

10. 如果注册会计师采用以控制测试为主的方式进行存货监盘，并准备依赖被审计单位存货盘点的控制措施与程序，则其实施的绝大部分审计程序将限于（　　）。

A. 询问　　B. 重新执行　　C. 观察　　D. 抽查

11. 下列说法中，不正确的有（　　）。

A. 无论是销售业务、购货业务、成本费用业务，还是货币资金业务，对于审批人超越授权范围审批的业务，经办人均有权拒绝办理，并及时向审批人的上级授权部门报告

B. 为了提高企业的工作效率，合理安排人员工作，企业存货的验收、保管、清查及处置最好由一人执行

C. 存货监盘不仅对期末结存数量和状况予以确认，还能验证财务报表上存货余额的真实性

D. 注册会计师在生产与存货循环审计中经常大量运用分析程序获取证据，并形成审计

12. 下列有关存货审计的表述，不正确的有（　　）。

A. 对存货进行监盘是证实存货“完整性”“计价和分摊”认定的重要程序

B. 存货截止测试的主要方法是抽查存货盘点日前后的购货发票与验收报告（或入库单），确定每张发票均附有验收报告（或入库单）

C. 存货计价审计的样本应着重选择余额较大且价格变动较频繁的存货项目，同时考虑所选样本的代表性

D. 对难以盘点的存货，应根据企业存货收发制度确认存货数量

13. 注册会计师在对期末存货进行截止测试时，下列做法正确的有（　　）。

A. 所有在截止日以前入库的存货项目是否均未包括在盘点范围内，且未包括在截止日的存货账面余额中

B. 所有在截止日以前支出库的存贷项目是否均未包括在盘点范围内，且未包括在截止日的存货账面余额中

C. 在途存货和被审计单位直接向顾客发运的存货是否均未得到适当的会计处理

D. 所有已记录为购货但尚未入库的存货是否均已包括在盘点范围内，并已得到了适当的会计处理

14. 注册会计师应当实施一项或多项审计程序，以获取有关本期期初存货余额的充分、适当的审计证据，下列能获取该审计证据的程序是（　　）。

A. 复核上期存货盘点记录及文件　　B. 查阅前任注册会计师工作底稿

C. 运用毛利百分比法等进行分析　　D. 检查本期存货交易记录

15. 下列做法属于注册会计师对被审计单位存货监盘时应特别关注的问题有（　　）。

A. 注册会计师应当特别关注存货的移动情况，观察被审计单位是否已经恰当地区分了所有毁损、陈旧、过时及残次的存款

B. 注册会计师应当取得盘点日前后存货收发及移动的凭证，检查库存记录与会计记录期末截止日期是否正确

C. 注册会计师应当特别关注存货的移动情况，防止遗漏或重复盘点

D. 在存货监盘过程中，注册会计师应当获取验收入库、装运出库以及内部转移截止等信息，以便将来追查至被审计单位的会计记录

16. 被审计单位下列有关确定存货可变现净值的基础中，注册会计师认可的有（ ）。

A. 有销售合同且未超过合同约定数量的库存商品以该库存商品的合同价格为基础

B. 无销售合同的库存商品以该库存商品的市场价格为基础

C. 无销售合同的材料以该材料的市场价格为基础

D. 有销售合同且超过合同约定数量的库存商品以该库存商品的合同价格为基础

17. 对存货实施截止测试，主要实现的审计目标有（ ）。

A. 存在　B. 权利和义务　C. 完整性　D. 计价和分摊

18. 下列项目中，应确认为购货企业存货的有（ ）。

A. 购货方已付款购进，但尚在运输途中的商品

B. 购销双方已签协议约定，但尚未办理商品购买手续

C. 未收到销售方结算发票，但已运抵购货方并验收入库的商品

D. 销售方已确认销售，但尚未发运给购货方的商品

19. 存货周转率的波动可能意味着被审计单位存在以下哪些情况（ ）。

A. 有意或无意地减少存货储备　B. 存货管理或控制程序发生变动

C. 存货成本项目发生变动　D. 存货核算方法发生变动

20. 会计师在编制存货监盘计划时应当实施的工作有（ ）。

A. 了解存货的内容、性质、各存货项目的重要程序及存放场所

B. 审阅以前年度的工作底稿，了解被审计单位的存货情况、存货盘点程序以及其他在以前年度存货审计中遇到的重大问题

C. 考虑实地查看存货存放场所，熟悉在库存货及其组织管理方式以及潜在问题

D. 与管理当局讨论其存货盘点计划

21. 如果要确认直接材料数量、计价和材料费用分配是否真实、合理，注册会计师需实施的审计程序通常包括（ ）。

A. 分析比较同一产品前后年度的直接材料成本，查明是否存在重大波动

B. 抽查材料发出及领用的原始凭证，检查领料单的签发是否经过授权

C. 检查直接材料耗用量的真实性，以及有无将非生产用材料计入直接材料费用

D. 抽查产品成本计算单，检查直接材料成本的计算是否正确，材料费用的分配标准与计算方法是否合理和适当，是否与材料费用分配汇总表中该产品分摊的直接材料费用相符

22. 注册会计师对制造费用实施的实质性审计程序包括（　　）。
   A. 抽查制造费用中的重大数额项目及例外项目，分析其是否合理
   B. 审阅制造费用明细表，检查其核算内容及范围是否正确
   C. 检查制造费用的分配是否合理
   D. 对于采用标准成本法的企业，应抽查标准制造费用的确定是否合理，计入成本计算单的数额是否正确，制造费用计算、分配与会计处理是否正确，并查明标准制造费用在本年度内有无重大变动

三、分析题

1. 审计人员在审查江南公司上年度（2019 年）生产业务时，发现材料费用的记录如下：

   “原材料”期初借余 50 万元，2000 吨；“材料成本差异”期初贷余 6000 元。

   2019 年实际采购原材料 18000 吨，采购成本 460 万元，全部入库且全部用于生产业务。期末，原材料实际库存 3000 吨，“原材料”账户借余 75 万元，“材料成本差异”账户期末贷余 1500 元。

   试对上述材料成本业务发表审计意见，并计算应当调整的金额。若该公司 2019 年年末没有在产品，也没有库存商品，所得税率 25%，不考虑其他影响因素，则会计调整分录如何编制？

2. 审计人员在审查艾辰公司上年度（2019 年）生产业务时，发现有关材料费用的发生额和余额记录如下：

   “原材料”账户年初借余 12 万元，库存 6000 公斤；“材料成本差异”年初借余 5500 元。

   2019 年实际采购原材料 44000 公斤，采购成本 85 万元，全部入库且仅用于生产业务。期末，原材料账户反映库存 20 吨，“原材料”账户借余 40 万元，“材料成本差异”账户期末贷余 12000 元。

   经过审计人员现场盘点，实际库存 15 吨，短缺 5 吨。经核对，缺少的 5 吨为年末已经售出，发票已经开出且符合收入确认条件，但款项未收到的销售业务，会计人员漏掉了成本结转业务。

   若该公司 2019 年当年投产的产品已经全部完工且售出，审计前，公司确认利润总额 600 万元，且按照所得税率 25% 确认了所得税费用 150 万元，试对上述材料业务发表审计意见，并编制必要的会计调整分录。

3. 审计人员在审查万象公司上年度（2019 年）生产成本业务时，发现有关工资费用的业务记录存疑：

   （1）2019 年 3 月，新录入生产线工人一批，以现金开支安家费 6500 元，公司会计记录为：

   借：生产成本——× ×产品（工资）　　6500 元

   　贷：应付职工薪酬　　6500 元

（2）2019 年 6 月，补发生产线工人五一节加班费 78000 元，公司会计记录为：

借：管理费用——职工福利　　78000 元

贷：应付职工薪酬　　78000 元

（3）2019 年 7 月，销售给客户产品，以现金付生产线工人代为装卸搬运劳务费 3000 元，公司会计记录为：

借：生产成本——××产品（工资）　　3000 元

贷：应付职工薪酬　　3000 元

试分别就上述业务发表审计意见，指出正确的会计处理方法及会计核算科目。

4. 审计人员在审查空空公司上年度（2019 年）生产成本业务时，发现该年有关工资费用处理存在不当之处：

（1）全年不应记入成本的工资费用 150 万元，其中 120 万元部分已经通过完工产品进入库存商品，且其中的 80% 已经售出并结转了主营业务成本。

（2）全年漏记应入生产成本的工资费用 40 万元（误计入当期管理费用 30 万元和销售费用 10 万元），其中 25 万元部分仍应在生产环节，7 万元部分仍应在库存商品状态，其余部分应当通过完工产品成本渠道转入主营业务成本。

（3）公司 2019 年实现利润 400 万元且按照 25% 的税率计算了所得税费用 100 万元。

试对上述业务发表审计意见，并编制必要的会计调整分录。

5. 审计人员在审查万象公司上年度（2019 年）制造费用业务时，对以下业务处理存疑：

（1）2019 年 2 月，以现金支票开支设备安装费 3500 元，公司会计记录为：

借：生产成本——××产品（制造费用）　　3500 元

贷：库存现金　　3500 元

（2）2019 年 8 月，补发机修工人中秋节加班费 1200 元，公司会计记录为：

借：管理费用——职工福利　　1200 元

贷：库存现金　　1200 元

（3）2019 年 12 月，以现金付生产线工人劳保费 4200 元，公司会计记录为：

借：营业外支出　　4200 元

贷：库存现金　　4200 元

试分别就上述业务发表审计意见，指出正确的会计处理方法及会计核算科目。

6. 审计人员在审查空空公司上年度（2019 年）生产成本业务时，发现该年有关制造费用处理存在不当之处：

（1）全年不应记入成本的制造费用 90 万元，其中 80 万元部分已经通过完工产品进入库存商品，且其中的 80% 已经售出并结转了主营业务成本。

（2）全年漏记应入生产成本的折旧费用 18 万元（误计入当期管理费用 12 万元和销售费用 6 万元），其中 10 万元部分仍应在生产环节，5 万元部分仍应在库存商品状态，其余部分应当通过完工产品成本渠道转入主营业务成本。

（3）公司2019年实现利润200万元，且按照25%的税率计算了所得税费用50万元。

试对上述业务发表审计意见，并编制必要的会计调整分录。

7. 审计人员在审查南康公司上年度（2019年）库存商品业务时，对以下业务处理存疑：

（1）全年不应记入生产成本的新产品开发费60万元，已经全部通过完工产品进入库存商品，其中的50%已经售出并结转了主营业务成本。

（2）全年漏记应入生产成本的折旧费用10万元（误计入当期管理费用），应由产品承担，但该批产品仍在库。

（3）年初，“存货跌价准备——库存商品”有贷方余额20万元。年末，对库存商品进行减值测试，发现增值36万元，公司会计处理为：

借：存货跌价准备——库存商品　　56万元

　贷：资产减值损失　　56万元

（4）公司2019年实现利润600万元，且按照25%的税率计算了所得税费用150万元。

试对上述业务发表审计意见，并编制必要的会计调整分录。

8. 审计人员在审查南康公司上年度（2019年）库存商品业务时，对以下业务处理存疑：

（1）“库存商品”12月初库存1200件，@5.00，借余6000元。12月完工入库3800件，@6.20，借方发生额23560元。月末实际库存1000件，@5.00，借余5000元。公司对发出存货成本采用加权平均法核算。

（2）发出商品，成本9万元，不符合收入确认条件，但公司按照10万元市场价（不含税，税率13%，款未收）确认收入和债权，并结转了主营业务成本。

（3）年初，“存货跌价准备——库存商品”有贷方余额12万元。年末，对库存商品进行减值测试，发现增值18万元，公司会计处理为：

借：存货跌价准备——库存商品　　18万元

　贷：资产减值损失　　18万元

（4）公司2019年实现利润300万元，且按照25%的税率计算了所得税费用75万元。

试对上述业务发表审计意见，并编制必要的会计调整分录。

9. 审计人员在审查南康公司上年度（2019年）周转材料业务时，对以下业务处理存疑：

（1）12月1日，生产领用包装材料3万元，构成产品实体，会计账务处理直接计入了销售费用。截止到年末，该批产品仍在库。

（2）10月1日出租包装物，合同约定租期3个月，每月15日收取租金5000元（不含税，税率6%）；该批包装物成本3000元，拟在租期内平均摊销。10月、11月两个月准时收到款项，均做了收入与费用的账务，但客户表明12

月的款项待 1 月中旬才能汇出，因此，公司未进行收入与费用的会计处理。

（3）年初，“周转材料——包装物”借余 2 万元，“材料成本差异——包装物”借方余额 2400 元。2019 年全年入库包装物计划成本 18 万元，实际产生节约差异 7400 元。年末，“周转材料——包装物”借余 3 万元，“材料成本差异——包装物”借方余额 1000 元。全年发出包装物（未包括上述的业务），60% 的部分已进入当期损益，30% 的部分以库存商品状态存在，10% 仍在生产环节。

（4）公司 2019 年实现利润 180 万元，且按照 25% 的税率计算了所得税费用 45 万元。

试对上述业务发表审计意见，并编制必要的会计调整分录。

第八章　固定资产与在建工程审计

一、单项选择题

1. 为证实会计记录中所列的固定资产是否存在，了解其目前的使用状况，注册会计师应当实施的审计程序是（　　）。
   A. 对固定资产实地观察
   B. 检查固定资产的所有权归属
   C. 以实地为起点，追查固定的明细分类账
   D. 以固定资产明细分类账为起点，对实物进行盘点
2. 注册会计师在对甲公司2007年度财务报表进行审计时，发现该公司接受投资者投入需要安装设备一台。双方在协议中约定的价值为50万元，安装过程中领用生产用材料一批，实际成本为5000元，领用自产的成品一批，实际成本为1万元，售价为2.4万元，该产品为应税消费品，消费税税率10%。本企业为一般纳税人，适用的增值税税率为17%，在不考虑其他因素的情况下，注册会计师认为安装完毕投入生产使用的该设备入账成本为（　　）。
   A. 472330元　　B. 521160元　　C. 486330元　　D. 483930元
3. 在复核本期折旧费用的计提是否正确时，被审计单位的下列做法中不恰当的是（　　）。
   A. 对上期已计提减值准备的固定资产，本期按新的账面价值计提折旧
   B. 固定资产减值迹象在本期已经全部消失，对原已计提的固定资产减值准备没有做转回处理
   C. 因更新改造停止使用的固定资产未停止计提折旧
   D. 因进行大修理而停用的固定资产，照提折旧，并将计提的折旧额计入了相关的资产成本或是当期损益
4. 在对固定资产和累计折旧进行审计时，A注册会计师注意到：L公司于2002年12月31日增加投资的一条生产线，其折旧年限为10年，残值率为0，采用直线法计提折旧，该生产线账面原值为1500万元，累计折旧为900万元，评估增值为200万元，协议价格与评估价值一致；2003年6月30日，L公司对该生产线进行更新改造，2003年12月31日，该生产线更新改造完成，发生的更新改造支出为1000万元，该次更新改造提高了使用性能，但并未延长其使用寿命；截至2003年12月31日，上述生产线账面原值和原计折旧分别为2700万元和1100万元。在对固定资产和累计折旧进行审计后，A注册会计师应提出的审计调整建议是（　　）。
   A. 固定资产原值调减200万元，累计折旧调减1100万元
   B. 固定资产原值调减200万元，累计折旧调减100万元

C. 固定资产原值调减1000万元，累计折旧调减1100万元

D. 固定资产原值调减1000万元，累计折旧调减100万元

5. 注册会计师在对甲公司2008年度财务报表进行审计时，发现该公司2007年6月20日开始自行建造的一条生产线，2008年6月1日达到预定要使用状态，2008年7月1日办理竣工决算，2008年8月1日投入使用，该生产线建造成本为740万元，预计使用年限为5年，预计净残值为20万元。在采用年数总和法计提折旧的情况下，2008年该设备应计提的折旧额为（　　）。

A. 240万元　　B. 120万元　　C. 100万元　　D. 80万元

6. 注册会计师审计固定资产减少的主要目的在于（　　）。

A. 本期新增固定资产是否真实存在

B. 固定资产账务处理的完整性

C. 已经减少的固定资产是否已作相应的会计处理

D. 闲置的固定资产是否存在出租的情况

二、多项选择题

1. 假定不考虑审计重要性水平，A注册会计师对下列事项应提出审计调整建议的有（　　）。

A. L公司2020年10月从母公司购买办公楼，并于当月启用，该办公楼自2020年11月起计提折旧。截至2020年12月31日，L公司尚未取得该办公楼的产权证明

B. 为保持某设备的生产能力，L公司对该设备进行修理和改造，发生80万元维修改造费，并将其计入固定资产账面价值

C. 因尚未办理竣工决算，L公司对于2020年5月启用的厂房暂估入账，并按规定计提折旧。该厂房的竣工决策于2021年1月5日完成，其固定资产原值和已计提的折旧也相应自2021年1月起按决算金额进行调整

D. L公司的某台生产设备因关键部件老化而经常生产大量不合格产品，因此，L公司对该设备全额计提了减值准备

2. 注册会计师在对被审计单位固定资产进行实质性分析程序时，计算固定资产原值与全年产量的比率，并与以前年度比较，分析其波动原因，可以发现（　　）。

A. 减少固定资产未在账户上注销

B. 闲置固定资产

C. 发现本期折旧额计算上可能存在的错误

D. 增加的固定资产尚未进行处理

3. 下列项目中，注册会计师认为应计提折旧的固定资产有（　　）。

A. 因季节性等原因而暂停使用的固定资产

B. 因改扩建等原因而暂停使用的固定资产

C. 企业临时性出租给其他企业使用的固定资产

D. 融资租入的固定资产

4. 注册会计师对固定资产取得和处置实施控制测试的重点包括（　　）。

A. 审查固定资产的取得是否与预算相符，有无重大差异

B. 审查固定资产的取得和处置是否经过管理当局的书面认可

C. 审查是否正确划分资本性支出和收益性支出

D. 审查与固定资产取得和处置相关的项目如应付账款、银行存款、固定资产清理和营业外收支等的会计记录的适当性

5. 对固定资产实施的分析程序包括（　　）。

A. 计算固定资产原值与本期产品产量的比率，并与以前期间比较，可能发现虚增、闲置固定资产，或已减少的固定资产未记账、虚增产量等情况

B. 计算本期计提折旧额与固定资产总成本的比率，将此比率同上期比较，旨在发现本期折旧额计算上的错误

C. 比较本期各月之间、本期与以前各期之间的修理及修理维护费用，旨在发现资本性支出和收益性支出区分上可能存在的错误

D. 比较本期与以前各期的固定资产增加和减少

6. 下列关于注册会计师检查固定资产所有权的表述恰当的有（　　）。

A. 对外购的机器设备等固定资产，通常经审核采购发票、采购合同等予以确定

B. 对融资租入的固定资产，应验证有关融资租赁合同，证实其并非经营租赁，对汽车等运输设备，应验证有关运营证件等

C. 对于房地产类固定资产，尚需查阅有关的合同、产权证明、财产税单、抵押借款的还款凭据、保险单等书面文件

D. 对受留置权限制的固定资产，通常还应审核被审计单位的有关负债项目等

7. 注册会计师审计固定资产减少的主要目的在于查明已减少的固定资产是否已做适当的会计处理，下列对固定资产减少的审计程序恰当的是（　　）。

A. 结合固定资产清理科目，抽查固定资产账面转销额是否正确

B. 检查出售、盘亏、转让、报废或毁损的固定资产是否经授权批准，会计处理是否正确

C. 检查因修理、更新改选而停止使用的固定资产的会计处理是否正确

D. 检查债务重组或非货币性资产交换转出的固定资产的会计处理是否正确

三、分析题

1. 审计人员在审查江南公司上年固定资产折旧业务时，对对方的一笔业务产生了异议：

折旧计算表（2019 年 11 月 30 日）　　　　**单位：元**

部门/用途	固定资产原值	折旧方法	本月折旧	备注
办公楼				
自用	….	….	15000	
出租 1	….	….	12000	成本计量
出租 2	….	….	18000	公允价值计量
小计			45000	

……

分录：

借：管理费用　　45000 元

　贷：累计折旧　　45000 元

试据此发表审计意见，并编制必要的调整分录。

2. 审计人员在审查东华公司上年固定资产折旧业务时，对对方年末的一笔业务产生了异议，该业务实际计提折旧情况如下：

折旧计算表（2019 年 12 月 31 日）　　　　**单位：元**

部门/用途	固定资产原值	折旧方法	本月折旧	备注
生产设备	…	…	25000	
运输设备	….	….	16000	
办公设备	….	….	14000	
房屋建筑物	….	….	40000	
小计			95000	

……

分录：

借：管理费用　　95000 元

　贷：累计折旧　　95000 元

审计人员根据会计准则的要求，重新计算了折旧，发现对方少提房屋建筑物折旧 15000 元，同时，当月生产的产品全部未完工，运输设备主要是销售机构使用。该公司上年利润 8000 元，执行 25% 的所得税率。

试据此发表审计意见，并编制必要的调整分录。

3. 审计人员2020年4月在审查欧鹏公司2019年固定资产账务时，对以下业务存疑：

（1）2019年9月出售给客户旧机床1台，“固定资产——机床”原始价值45万元，已提折旧12万元，已提减值准备3万元，实际收到款项28.25万元（增值税率13%），单位会计处理为：

①借：银行存款　　28.25万元

　　贷：营业外收入　　25万元

　　　　应交税费——增（销）　　3.25万元

②借：营业外支出　　45万元

　　贷：固定资产　　45万元

（2）与供应商达成债务重组协议，以1辆汽车清偿欠款20万元。“固定资产——汽车”原始价值33万元，已提折旧14万元，已提减值准备1万元，会计账务处理为：

借：应付账款——××　　18万元

　　累计折旧　　14万元

　　固定资产减值准备　　1万元

　贷：固定资产　　33万元

审计前，该公司2019年实现利润100万元且已经按照25%的所得税率进行了申报与核算。

试对上述业务发表审计意见，并编制必要的调整分录。

4. 2020年4月，审计人员在审查安安公司2019年固定资产账务时，对以下业务产生了异议：

（1）2019年8月10日，公司对生产设备一台完成改造，成本13.6万元全部计入固定资产，使改造后的固定资产价值达到33.6万元，且从9月份开始计提折旧，采用平均年限法，折旧年限5年，期满无残值。审计认为，成本中有3万元不符合资本化条件，应当作为长期待摊费用，在未来的2年内摊销完毕。

（2）2019年12月5日，新增固定资产1项，入账价值65.98万元，审计认为其中利息资本化部分金额（5万元）不符合资本化条件，应当费用化。

（3）年末，公司对在用的固定资产进行减值测试，转回了10万元的准备，会计账务为：

　　借：固定资产减值准备　　10万元

　　　贷：资产减值损失　　10万元

另外，2019年，安安公司实现利润12万元，反映所得税费用3万元（税率25%）。

试对上述业务发表审计意见，并编制必要的调整分录。

5. 甲注册会计师审计 X 公司 2020 年度财务报表的“固定资产”和“累计折旧”项目时，发现下列情况：

（1）“生产用固定资产”中的固定资产——A 设备已于 2020 年 1 月停用，并转入“未使用固定资产”。

（2）公司所使用的单冷空调，当年计提折旧仅按实际使用的月份（5～9 月）提取。

（3）5 月份购入设备一台，价值 65 万元，当月达到预定可使用状态，8 月份交付使用，X 公司从 9 月份起开始计提折旧。

（4）公司对设备 B 采用平均年限法计提折旧。该设备预计可使用年限 10 年，预计净残值率为 5%，公司确定的该设备的年折旧率为 10%。

针对上述情况，分别指出注册会计师应关注的可能存在或存在的问题。

6. 指出下列各项固定资产实质性程序所涉及的管理当局认定。

（1）检查当年固定资产增加的有关文件；

（2）实地观察固定资产，查明其所有权的归属；

（3）固定资产有无抵押、担保等；

（4）固定资产提取折旧的方法是否适当。

7. 大兴会计师事务所的注册会计师王华于 2020 年年底对昌盛公司进行审计，在审计过程中，王华发现以下情况，请代为逐一判断被审计单位相关的经营活动及其会计处理是否符合企业会计准则的规定，并简要说明原因。

（1）2020 年 7 月 1 日购入并安装价值 50 万元的生产用电子设备一台，当日投入生产。由于设备的特殊性质，需要 3 个月的试运行。在此期间，随时可能需要进行调试，根据这一情况，昌盛公司从 2020 年 10 月 1 日起对该设备开始折旧。

（2）昌盛公司于 2020 年年初开始建造一生产车间，10 月份完工后投入使用，但出于种种原因，尚未办理竣工手续，编制财务报表时，昌盛公司对此车间仍在在建工程中反映。

第九章　负债及所有者权益审计

一、单项选择题

1. 以下程序中，属于测试采购交易与付款交易内部控制“存在性”目标的常用控制测试程序的是（　　）。

A. 检查企业验收单是否有缺号　　B. 检查付款凭单是否附有卖方发票

C. 检查卖方发票连续编号的完整性　　D. 审核采购价格和折扣的标志

2. 下列关于注册会计师在对应付款进行实质性程序时用到的实质性分析程序，表述不正确的是（　　）。

A. 将期末应付账款余额与期初余额进行比较，分析波动原因

B. 分析存货和营业成本等项目的增减变动，判断应付账款增减变动的合理性

C. 计算应付账款与存货的比率，应付账款与流动负债的比率，并与以前年度相关比率进行对比分析，评价应付账款整体的合理性

D. 分析长期挂账的应付账款，要求被审计单位做出解释，判断被审计单位应付账款的波动情况

3. 在验证应付账款余额不存在漏报时，注册会计师获取的以下审计证据中，证明力最强的是（　　）。

A. 供应商开具的销售发票

B. 供应商提供的月对账单

C. 被审计单位编制的连续编号的验收报告

D. 被审计单位编制的连续编号的订货单

4. 注册会计师张霞在审查公司 2007 年度应付账款项目时，发现 W 公司应付账款明细账中存在确实无法支付的巨额应付账款。对此，张霞应提请 W 公司管理层做哪种会计处理（　　）。

A. 借记“应付账款”，贷记“营业外收入”

B. 借记“坏账准备”，贷记“营业外收入”

C. 借记“应付账款”，贷记“资本公积”

D. 借记“坏账准备”，贷记“资本公积”

5. 检查被审计单位的长期借款业务时，如果发现有逾期未偿还的长期借款，审计人员首先应当实施的审计程序是（　　）。

A. 判断被审计单位的偿债能力　　B. 核实是否办理了延期还款手续

C. 判断被审计单位的诚信程度　　D. 计算逾期贷款的金额和比率

6. 当发现记录的债券利息费用大大超过相应的长期债券账户余额与票面利率乘积时，注册会计师应当怀疑（　　）。

A. 长期债券的折价被低估　　B. 长期债券被高估

C. 长期债券被低估　　　　D. 长期债券的溢价被高估

7. 在确定借款费用资本化金额时，审计人员认可A公司将与专门借款有关的利息收入（　　）的做法。

A. 计入营业外收入　　　　B. 冲减所构建的固定资产成本

C. 计入当期财务费用　　　　D. 冲减借款费用资本化的金额

8. 审计人员拟对A公司与借款活动相关的内部控制进行测试，下列程序中不属于控制测试程序的是（　　）。

A. 索取借款的授权批准文件，检查批准的权限是否恰当、手续是否齐全

B. 观察借款业务的职责分工，并将职责分工的有关情况记录于审计工作底稿中

C. 计算短期借款、长期借款在各个月份的平均余额，选取适当的利率匡算利息支出总额，并与财务费用等项目的相关记录核对

D. 抽取借款明细账的部分会计记录，按原始凭证到明细账再到总账的顺序核对有关账务处理过程，以判断其是否合规

9. 审计人员在对某公司发生的借款费用进行审计时，注意到以下事项，其中，账务处理错误的是（　　）。

A. 该公司对为构建固定资产而溢价发行的公司债券采用实际利率法分期摊销债券溢价，并以实际利率作为资本化率

B. 该公司的某项在建工程根据建造工艺的要求需暂停施工4个月，在此期间，该公司停止了借款费用资本化

C. 该公司将为构建固定资产而发生的金额较小的专门借款手续费，在固定资产达到预定可使用状态前计入期间费用

D. 该公司将为构建固定资产而发生的外币专门借款的汇兑差额，在固定资产达到预计可使用状态前计入固定资产的购建成本

10. 对应付债券业务实施实质性程序，往往要检查债券交易的原始凭证，审计人员检查的内容不包括（　　）。

A. 检查用以偿还债券的支票存根，并检查利息费用的计算

B. 检查发行债券所收入现金的收据、汇款通知单、送款登记簿、银行对账单

C. 检查企业现有债券副本，确定其内容是否与相关会计记录一致

D. 检查是否在财务报表附注中对债券的类别做了充分的说明

11. 所有者权益审计一般采用（　　）。

A. 详查法　　B. 抽查法　　C. 询问法　　D. 分析程序

12. 采用权益法核算时，下列各项不会引起投资企业长期股权投资账面价值发生增减变动的是（　　）。

A. 被投资单位接受现金捐赠　　　　B. 被投资单位接受实务捐赠

C. 被投资单位宣告分派股票股利　　　　D. 被投资单位宣告分派现金股利

13. 甲公司将持有至到期投资改变了持有目的，审计人员应当实施下列（　　）程序最具有针对性。

A. 核实被审计单位持有目的和能力，检查本科目核算范围是否恰当

B. 向相关金融机构发函询证持有至到期投资期末数量，并记录函证过程

C. 检查持有至到期投资划转为可供出售金融资产的账务处理是否正确

D. 结合投资收益科目，复核处置持有至到期投资的损益计算是否准确，已计提的减值准备是否同时结转

二、多项选择题

1. 根据被审计单位实际情况，注册会计师可以选择以下方法对应付账款执行实质性分析程序的有（　　）。

A. 将期末应付账款余额与上期期末余额进行比较，分析波动原因

B. 检查与应付账款有关的供应商发票、验收报告或入库单到账簿记录

C. 计算应付账款与存货的比率、应付账款与流动负债的比率，并与以前年度相关比率进行对比分析，评价应付账款的合理性

D. 分析长期挂账的应付账款，要求被审计单位做出解释，判断被审计单位是否缺乏偿债能力或利用应付账款隐瞒利润，并注意其是否可能无须支付，对确定无须支付的应付款的会计处理是否正确，依据是否充分

E. 根据存货、主营业务收入和主营业务成本的增减变动幅度，判断应付账款增减变动的合理性

2. 注册会计师在对被审计单位应付账款进行审计时，下列程序中可以检查应付账款是否计入正确的会计期间，是否存在未入账的应付账款的有（　　）。

A. 检查资产负债表日后收到的购货发票的日期，确认其入账时间是否正确

B. 检查债务形成的相关原始凭证，如供应商发票、验收报告或入库单等

C. 针对资产负债表日后付款项目，检查银行对账单及有关付款凭证，询问被审计单位的会计和采购人员

D. 检查资产负债表日后应付账款明细账贷方发生额的相应凭证，确定其入账时间时否正确

E. 结合存货监盘，检查被审计单位在资产负债表日是否存在有材料入库凭证但未收到购货发票的经济业务

3. 下列说法中正确的有（　　）。

A. 如果被审计单位为上市公司，则通常在其会计报表附注中应说明有无欠持有5%（含5%）以上表决权股份的股东单位账款

B. 检查应付账款长期挂账的原因，做出记录，注意其是否可能无须支付，对确实无法支付的应付账款是否按规定转入了营业外收入项目，相关依据及审批手续是否完备

C. 如果被审计单位为上市公司，则通常在其财务报表附注中应说明有无欠持有10%以上表决权股份的股东单位账款

D. 注册会计师在审查应付账款账户在资产负债表现披露的恰当性时，应核实资

产负债表中“应付账款”项目是否根据“应付账款”和“预收账款”科目的期末贷方余额的合计数填列

4. 关于应付账款函证下列说法正确的是（　　）。

A. 一般情况下，应付账款不需要函证，这是因为函证不能保证查出未记录的应付账款，况且注册会计师能够取得购货发票等外部凭证来证实应付账款的余额

B. 如果控制风险较高，某应付账款明细账户金额较大或被审计单位处于财务困难阶段，则应进行应付账款的函证

C. 注册会计师应选择较大金额的债权作为函证对象

D. 注册会计师应选择那些在资产负债表日金额不大甚至为零，但为企业重要供货方的债权人作为函证对象

5. 为证实被审计单位是否存在未入账的长期负债业务，审计人员可选用（　　）程序进行测试。

A. 函证银行存款余额的同时函证负债业务

B. 分析财务费用，确定付款利息是否异常高

C. 向被审计单位索取债务声明书

D. 审查年内到期的长期负债是否列示在流动负债类项目下

6. 被审计单位存在短期借款时，下列关于短期借款的实质性程序中，任何情况下，审计人员都必须实施的是（　　）。

A. 函证短期借款的实有数　　B. 检查短期借款的增加

C. 复核短期借款的利息　　D. 查明是否办理延期还款手续

7. 下列各项中可以作为长期借款实质性程序审计证据的是（　　）。

A. 长期借款明细表

B. 长期借款的合同和授权批准文件

C. 相关抵押资产的所有权证明文件

D. 重大长期借款的函证回函和逾期长期借款的展期协议

8. 审计人员在实施借款业务的实质性程序时，无论是短期借款，还是长期借款，均应实施的实质性程序是（　　）。

A. 评估被审计单位的信誉状况和融资能力

B. 向银行或其他债权人寄发询证函

C. 检查非记账本位币折合记账本位币采用的汇率是否正确

D. 检查一年内到期的长期借款是否转列为流动负债

9. 审计人员计划测试 B 公司 2020 年年末长期借款余额的完整性，以下审计程序中，可能实现该审计目标的有（　　）。

A. 了解银行对 B 公司的授信情况

B. 检查长期银行借款明细表中本年新增借款的银行进账单

C. 向提供长期银行借款的银行寄发银行询证函

D. 重新计算并分析 2020 年度长期借款利息

10. 下列审计程序中属于分析程序的是（　　）。
    A. 根据长期借款的加权平均总额和加权平均利息率计算全年的利息费用，并与实际利息费用比较
    B. 根据每月的借款利息和平均利息率推算长期借款的金额，检查长期借款的漏计和低估情况
    C. 根据票面利率和债券的面值计算应计利息数，并验证企业的账面记录
    D. 验算盈余公积的提取基数和提取金额

11. 企业如果不按期计算长期债券的应计利息，可能会影响（　　）。
    A. 在建工程账户的记录　　B. 财务费用账户的记录
    C. 长期债券的账面价值　　D. 长期债券的折价或溢价摊销额

12. 审计人员在检查 A 公司资本公积账户反映的内容时，不应认可 A 公司将（　　）计入资本溢价或股本溢价科目中。
    A. 新的投资者投入的超过注册资本份额的出资
    B. 接受的非现金资产捐赠准备
    C. 股票发行收入中超过面值的收入
    D. 资本溢价和股本溢价的发行费用

13. 审计人员计划测试 C 公司 2007 年年末长期投资余额的存在性，以下审计程序中，可能实现该目标的有（　　）。
    A. 向受托代管 C 公司长期证券的托管机构寄发询证函
    B. 查阅 C 公司董事会与长期投资业务有关的会议记录
    C. 检查长期股权投资中股票投资的 2007 年年末市价变动情况
    D. 向被投资单位寄发询证函

14. 交易性金融资产的实质性程序一般包括（　　）。
    A. 对期末结存的相关交易性金融资产，向被审计单位核实其持有目的，检查本科目核算范围是否恰当
    B. 复核与交易性金融资产相关的损益计算是否准确，并与公允价值变动损益及投资收益等有关数据核对
    C. 监盘库存交易性金融资产，并与相关账户余额进行核对，如有差异，应查明原因，并做出记录或进行适当调整
    D. 向相关金融机构发函询证交易性金融资产期末数量以及是否存在变现限制

三、分析题

2020 年 2 月审查江南公司 2019 年账目时，审计人员对以下业务产生了不同的意见，其按应收账款的千分之五计提坏账准备，所得税率为 25%。试指出问题所在，并编制跨年度调整分录。

1. 2019 年 7 月 1 日，借入 9 个月期限借款 200 万，年利率为 6%，到期一次性还本

付息，江南公司一直未予反映利息费用。

2. 2018 年 12 月 1 日借入 3 年期长期借款 500 万元，年利息率为 12%，用于厂房改建及生产线新建，工程自 2019 年 8 月 31 日达到可使用状态，2019 年 10 月 31 日办理竣工验收手续，2019 年度全年利息资本化金额为 50 万，费用化金额为 10 万元。
3. 2019 年 11 月 30 日，根据采购人员传来的供应商奥北公司被破产起诉的消息，会计部门将所欠 20 万元直接转入营业外收入。
4. 2019 年 12 月 1 日贴现的商业承兑汇票（7 月 1 日由分销商桂南公司签发，面值 100 万，6 个月，息票率为 6%）原取得贴现款 101 万，银行于 12 月 31 日收到通知，桂南公司无款承兑，直接从江南公司账户上划走 80 万元，其余为短期借款，月利率为 0.5%，江南公司 12 月 31 日的账务处理为：

　借：应收票据　　100 万
　　　财务费用　　3 万
　　贷：银行存款　　80 万
　　　　短期借款　　23 万

综合练习一

一、单项选择题（每题 1 分，共 20 分）

1. 审计最本质的特征是（　　）。
   A. 真实性　　B. 合法性　　C. 独立性　　D. 效益性
2. 如果本期交易推延到下期记录，或下期交易提前到本期记录，属于（　　）认定错误。
   A. 存在　　B. 完整性　　C. 分类　　D. 截止
3. 控制测试的对象是被审计单位的（　　）。
   A. 内部控制　　B. 财务报表
   C. 账簿与凭证记录　　D. 经济业务
4. （　　）是民间审计组织与被审计单位就审计项目所签订的正式文件。
   A. 审计通知书　　B. 审计报告　　C. 审计建议书　　D. 审计业务约定书
5. 下列不属于控制测试审计程序的是（　　）。
   A. 询问　　B. 函证　　C. 观察　　D. 检查
6. （　　）是证实销售与收款循环中有关存在或发生认定的最有力证明。
   A. 顾客订货单　　B. 销售单　　C. 发运凭证　　D. 销售发票
7. 分析应收款项账龄有助于判断（　　）。
   A. 应收账款的完整性　　B. 赊销业务的审批情况
   C. 应收账款的可收回性　　D. 应收账款的估价
8. 注册会计师审计某公司 2019 年度的财务报表，从 2019 年 12 月 31 日的卖方发票追查至采购明细账，是为了查明公司采购交易的（　　）认定不存在错报。
   A. 发生　　B. 完整性　　C. 计价和分摊　　D. 准确性
9. 当被审计单位管理层具有高估利润、粉饰财务状况的动机时，注册会计师主要关注的是被审计单位（　　）。
   A. 高估费用，高估应付账款　　B. 低估费用，低估应付账款
   C. 低估费用，高估应付账款　　D. 高估费用，低估应付账款
10. 投资与筹资循环的特征是影响本循环账户余额的业务数量较少，但每笔业务的金额通常都很大，基于这个特点，在审计时，可以采用的审计方法是（　　）。
    A. 抽样　　B. 实质性分析程序
    C. 大量的控制测试　　D. 细节测试
11. 收入截止测试的关键是检查发票开票日期或收款日期、记账日期、发货日期是否（　　）。
    A. 在同一会计期间　　B. 在同一天
    C. 在同一个月　　D. 在同一季度

12. 对库存现金实有数额的审计应通过对库存现金实施（　　）来进行。

A. 函证　　B. 重新计算　　C. 分析程序　　D. 监盘

13. 某位注册会计师在编写审计报告时，在意见段中使用了“除……段所述事项产生的影响外”的术语，这种审计报告是（　　）。

A. 无保留意见审计报告　　B. 保留意见审计报告

C. 否定意见审计报告　　D. 无法表示意见审计报告

14. 2019年3月1日注册会计师李明对N公司全部现金进行监盘后，确认实有现金数额为3000元，与N公司账面金额相符。2019年1月1日至3月1日现金收入总额为17万元、现金支出总额为17.05万元，则推断2018年12月31日库存现金余额应为（　　）元。

A. 2500　　B. 2000　　C. 3500　　D. 3000

15. 应收账款询证函的发出和收回应由（　　）控制。

A. 被审计单位　　B. 注册会计师

C. 被审计单位和注册会计师　　D. 被审计单位或注册会计师

16. 如果被审计单位财务报表就整体而言是公允的，但因审计范围受到重要的局部限制，注册会计师无法按照审计准则的要求取得应有的审计证据时，注册会计师应发表（　　）。

A. 保留意见　　B. 否定意见

C. 无法表示意见　　D. 带强调事项段的无保留意见

17. 如果不存在某顾客的应收账款，在应收账款明细表中却列入了对该顾客的应收账款，则属于（　　）认定错报。

A. 存在　　B. 完整性　　C. 分类　　D. 截止

18. 投资活动的凭证和会计记录不包括（　　）。

A. 投资协议　　B. 债券契约

C. 股东名称　　D. 股票投资凭证

19. 在确定函证对象时，以下项目可以不进行函证的是（　　）。

A. 大额或账龄较长的项目

B. 有充足的证据表明函证很可能无效的应收账款

C. 交易频繁但期末余额较小的应收账款

D. 主要客户的应收账款

20. 下列不属于内部控制要素的是（　　）。

A. 控制环境　　B. 风险评估过程

C. 控制活动　　D. 控制程序

二、多项选择题（每题2分，共10分）

1. 审计的基本职能包括（　　）。

A. 经济监督　　B. 经济评价　　C. 经济司法　　D. 经济鉴证

2. 审计风险取决于（　　）。
   A. 重大错报风险　　B. 控制风险
   C. 固有风险　　D. 检查风险
3. 一般情况下，当债务人符合下列（　　）情况时，采用积极式函证地较好。
   A. 个别账户的欠款金额较小
   B. 有理由相信欠款可能存在争议、差错等问题
   C. 个别账户的欠款金额较大
   D. 相信欠款不可能存在争议、差错等问题
4. 存货监盘的目的是获取有关存货（　　）的审计证据
   A. 数量　　B. 单价　　C. 金额　　D. 状况
5. 非标准审计报告是完成对被审单位财务报表审计后，编制的意见为（　　）种类的报告。
   A. 无法表示意见审计报告　　B. 否定意见审计报告
   C. 保留意见审计报告　　D. 带强调事项段的无保留意见审计报告

三、判断题（每题 1 分，共 15 分）

1. 如果财务报表中的某项错报足以影响财务报表使用者依据财务报表做出的经济决策，则该项错报就是重大的。（　　）
2. 注册会计师发表无保留意见就意味着被审计单位的财务报表没有错报。（　　）
3. 审计就是查账。（　　）
4. 因为重要性水平是针对整个会计报表而言的，所以注册会计师对报表项目存在的小金额错报或漏报可以不必考虑。（　　）
5. 风险评估程序是指注册会计师为了解被审计单位及其环境，以识别和评估认定层次重大错报风险而实施的审计程序。（　　）
6. 注册会计师应当对应收账款实施函证，除非有充分证据表明应收账款对财务报表不重要，或函证很可能无效。（　　）
7. 审计证据要满足充分性，因此，审计证据的数量越多越好。（　　）
8. 在销售与收款循环审计中，审计人员应当将销售业务的真实性作为重要目标执行审计程序。（　　）
9. 在销售截止测试中，审计人员可以考虑采用以账簿记录为起点的审计路线，以防止少记收入。（　　）
10. 消极式函证指要求被询证者在所有情况下都必须回函，确认询证函所列示信息是否正确，或填列询证函要求的信息。（　　）
11. 固定资产采购、付款、保管、记账应由不同人员分别负责，实行必要的职务分离。（　　）
12. 通常由采购部门提出请购，并由其办理采购业务。（　　）
13. 审计产生的基础是在所有权与经营权分离的条件下，财产委托人与受托人之间的

经济责任关系。(　　)

14. 应付账款通常不需要函证，如需要函证，最好采用消极式函证。(　　)

15. 特别风险是指注册会计师识别和评估的、运用职业判断认为需要特别考虑的重大错报风险。(　　)

四、名词解释（每题 2 分，共 10 分）

1. 审计
2. 审计证据
3. 审计工作底稿
4. 重要性
5. 审计风险

五、业务题（第 1—3 题各 10 分，第 4 题 15 分，共 45 分）

1. 在下表中填写和所列审计目标、审计程序相对应的管理层认定类型。（每小题各 2 分）

审计目标	审计程序	认定类型
资产负债表列示的存货存在	实施存货监盘程序	(1)
销售收入明细账包括了所有已发货的交易	检查销售明细账，检查发货单和销售发票编号	(2)
销售业务是否基于正确的价格和数量	比较价格清单与发票上的价格、发货单与销售订单数量，重新计算发票上的金额	(3)
销售业务记录在恰当的期间	比较上年最后几天和下一年度最初几天的发货单日期与记账日期	(4)
资产负债表中的固定资产确实为公司拥有	查阅所有权证书、购货合同、结算单、保险单	(5)

2. 注册会计师在审计过程中收集到以下几组审计证据：

（1）银行询证函与银行对账单；

（2）注册会计师通过自行计算折旧额所取得的证据与被审计单位的累计折旧明细账的数据；

（3）内部控制良好时形成的领料单与内部控制较差时形成的领料单；

（4）律师询证函回函与注册会计师和律师交谈取得的证据；

（5）存货监盘记录与存货盘点表。

要求：说明审计证据中哪个类型的审计证据更可靠，并说明理由。

3. A 会计师事务所接受委托对风云公司 2019 年度财务报表进行审计，审计人员 C 在对该公司内部控制进行了解时，在工作底稿中记录的部分事项如下：

（1）公司设出纳员一名，月末，出纳员负责从银行取得对账单并编制银行存款余额调节表。

（2）公司下设内部审计部门，负责对公司内部控制的运行及会计等信息的真实性、合法性、完整性进行检查、监督和评价。为节省成本，该部门由财务总监负责监管。

（3）采购货物必须经过审批，货物验收单可以不连续编号。

（4）会计人员李华在核对装运凭证和相应的经批准的销售单后开具销售发票，根据已授权批准的商品价目表填写销售发票的价格，根据装运凭证上的数量填写销售发票的数量。

要求：如果你是审计人员 C，请分析风云公司内部控制的设计及运行方面存在的缺陷。

4. A 注册会计师对 XYZ 股份有限公司 2019 年度会计报表进行审计，其未经审计的有关会计报表项目金额如下（单位：人民币万元）：

会计报表项目名称	金额
资产总计	180000
股东权益合计	88000
主营业务收入	240000
净利润	24120

要求：（1）如果以资产总额、净资产（股东权益）、主营业务收入和净利润作为判断基础，采用固定比率法，并假定资产总额、净资产、主营业务收入和净利润的固定百分比数值分别为 0.5%、1%、0.5% 和 5%，请代 A 注册会计师计算确定 XYZ 股份有限公司 2019 年度会计报表层次的重要性水平。（9 分）

（2）简要说明重要性水平与审计风险之间的关系。（3 分）

（3）简要说明重要性水平与审计证据之间的关系。（3 分）

综合练习二

一、单项选择题（每题 1 分，共 20 分）

1.（　　）是审计最基本的职能。

A．经济司法　　B．经济评价　　C．经济监督　　D．经济鉴证

2．控制测试的对象是被审计单位的（　　）。

A．内部控制　　B．财务报表

C．账簿与凭证记录　　D．经济业务

3．在获取的下列审计证据中，可靠性最强的通常是（　　）。

A．甲公司连续编号的采购订单　　B．甲公司编制的成本分配计算表

C．甲公司提供的银行对账单　　D．甲公司管理层提供的声明书

4．销售与收款循环所涉及的财务报表项目不包括（　　）。

A．销售费用　　B．营业收入　　C．应交税费　　D．应付账款

5．下列各项有关审计计划的说法中，正确的是（　　）。

A．审计计划分为总体审计计划和具体审计计划两个层次

B．总体审计计划和具体审计计划相互联系，制订工作计划时同时进行

C．注册会计师不应当根据具体审计计划调整总体审计计划

D．注册会计师在制订审计计划的全部工作完成后，才开始实施审计程序

6．注册会计师在获取审计证据时获取的下列信息，属于其他信息的是（　　）。

A．支票存根　　B．银行存款单

C．与竞争者的比较数据　　D．记账凭证

7．采购与付款循环交易中，注册会计师从入库单追查至采购明细账，目的是为了测试已发生的购货业务的（　　）。

A．存在　　B．分类　　C．完整性　　D．截止

8．在特定审计风险水平下，检查风险同重大错报风险之间的关系是（　　）。

A．同向变动关系　　B．反向变动关系

C．有时同向变动，有时反向变动　　D．没有确切的关系

9．阅读外部信息可能有助于注册会计师了解被审计单位及其环境，下列不属于外部信息的是（　　）。

A．相关报纸、期刊

B．证券分析师分析的行业经济情况

C．银行对被审计单位出具的信用评价

D．被审计单位签订的销售合同

10. 收入截止测试的关键是检查发票开票日期或收款日期、记账日期、发货日期是否（　　）。

A. 在同一会计期间　　B. 在同一天

C. 在同一个月　　D. 在同一季度

11. 下列有关控制测试目的的说法正确的是（　　）。

A. 控制测试旨在评价内部控制在防止或发现并纠正认定层次重大错报方面的运行有效性

B. 控制测试旨在发现认定层次发生错报的金额

C. 控制测试旨在验证实质性程序结果的可靠性

D. 控制测试旨在确定控制是否得到执行

12. 固定资产减少主要通过（　　）科目核算。

A. 营业外支出　　B. 待处理财产损益

C. 固定资产清理　　D. 其他业务支出

13. 注册会计师了解审计单位及其环境的目的是（　　）。

A. 进行风险评估程序

B. 收集充分适当的审计证据

C. 识别和评估财务报表重大错报风险

D. 控制检查风险

14. 如果被审计单位财务报表就整体而言是公允的，但因审计范围受到重要的局部限制，注册会计师无法按照审计准则的要求取得应有的审计证据时，注册会计师应发表（　　）。

A. 保留意见　　B. 否定意见

C. 无法表示意见　　D. 带强调事项段的无保留意见

15. 注册会计师执行应收账款函证程序的主要目的是（　　）。

A. 符合专业标准的要求

B. 确定应收账款能否收回

C. 确定应收账款的存在性

D. 判定被审计单位入账的坏账损失是否适当

16. 审计工作底稿的归档期限为（　　）。

A. 审计报告日后60天内　　B. 审计报告日后30天内

C. 审计业务中止日后30天内　　D. 会计报表日后60天内

17. 按审计主体的不同，审计可分为（　　）。

A. 财务报表审计、经营审计、合规性审计

B. 政府审计、注册会计师审计、内部审计

C. 定期审计、不定期审计

D. 报送审计、就地审计

18. 理解和运用“重要性”要站在（　　）的视角去判断。

A. 被审计单位管理层　　B. 财务报表使用者

C. 注册会计师　　D. 被审计单位全体员工

19. 关于注册会计师了解被审计单位及其环境的目的，以下说法不恰当的是（　　）。

A. 评估审计风险

B. 识别和评估财务报表层次重大错报风险

C. 评估舞弊风险

D. 识别和评估财务报表项目认定层次重大错报风险

20.（　　）是应收款审计中最重要的程序。

A. 函证

B. 核对应收款明细账与总账是否正确

C. 抽查有无不属于结算业务的债权

D. 检查应收款在资产负债表上是否恰当地列示

二、多项选择题（每题 2 分，共 10 分）

1. 审计业务约定书包括（　　）。

A. 重要性水平　　B. 会计责任和审计责任

C. 审计收费　　D. 审计范围

2. 确定主营业务收入归属期是否正确，应重点审查的日期是（　　）。

A. 发票开具日期或收款日期　　B. 寄对账单日期

C. 发货日期　　D. 记账日期

3. 注册会计师在实施控制测试时通常使用的审计程序包括（　　）。

A. 询问　　B. 检查　　C. 重新执行　　D. 细节测试

4. 注册会计师可实施应收账款函证的替代程序有（　　）。

A. 检查销售合同、顾客订单、销售发票及装运单等记录与文件

B. 检查应收账款日后收款的记录与凭证，如银行进账单

C. 检查被审计单位与客户之间的函电记录

D. 询问应收账款记账人员

5. 对主营业务收入截止测试的审查有三条路线，即（　　）。

A. 从总账追查至明细账

B. 以账簿记录为起点，追查销售发票和发运凭证

C. 从销售发票为起点，追查账簿记录和发运凭证

D. 从发运凭证为起点，追查账簿记录和销售发票

三、判断题（每题 1 分，共 10 分）

1. 消极式函证是指要求被询证者在所有情况下都必须回函，确认询证函所列示信息是否正确，或填列询证函要求的信息。（　　）

2. 审计证据要满足充分性，因此，审计证据的数量越多越好。(　　)
3. 注册会计师发表无保留意见就意味着被审计单位的财务报表没有错报。(　　)
4. 一般而言，外部获取的审计证据比内部获取的审计证据更为有效。(　　)
5. 审计就是查账。(　　)
6. 在销售截止测试中，审计人员可以考虑采用以账簿记录为起点的审计路线，以防止少记收入。(　　)
7. 固定资产采购、付款、保管、记账应由不同人员分别负责，实行必要的职务分离。(　　)
8. 通常由采购部门提出请购，并由其办理采购业务。(　　)
9. 审计产生的基础是所有权与经营权分离，财产委托人与受托人之间的经济责任关系。(　　)
10. 应付账款通常不需要函证，如需要函证，最好采用消极式函证。(　　)

四、名词解释（每题 3 分，共 15 分）

1. 审计
2. 审计证据
3. 审计业务约定书
4. 审计风险
5. 审计报告

五、业务题（每题 15 分，共 45 分）

1. A 注册会计师在对 D 公司 2019 年度财务报表进行审计时，收集到以下五组审计证据：
   (1) 收料单与购货发票；
   (2) 销货发票副本与产品出库单；
   (3) 工资计算单与工资发放单；
   (4) 存货盘点表与存货监盘记录；
   (5) 银行询证函回函与银行对账单。
   要求：请分别说明每组审计证据中哪项审计证据较为可靠，并简要说明理由。(每小题各 3 分)
2. M 注册会计师负责审计甲公司 2019 年度财务报表，并在审计工作底稿中记录了相关事项，摘录如下：
   (1) 甲公司的材料采购需要经授权批准后方可进行，各部门编制请购单，并交由采购经理签字批准。
   (2) 采购部根据经批准的请购单发出订购单。货物运达后，验收部根据订购单的要求验收货物，并编制一式多联未连续编号的验收单。
   (3) 仓库根据验收单验收货物，在验收单上签字后，将货物移入仓库加以保管。

验收单上有数量、品名、单价等要素。验收单一联交采购部登记采购明细账和编制付款凭单，付款凭单经批准后，月末交会计部，会计部根据只附验收单的付款凭单登记有关账簿。

（4）甲公司有一笔账龄3年以上、金额重大的其他应付款，因2017年年未发生变动，注册会计师没有实施进一步审计程序。

（5）对甲公司库存现金监盘时，由于月底会计主管工作繁忙，所以未参加监盘。

要求：请指出上述内容中存在的问题，并提出改进建议。

3. 注册会计师A对B公司2019年度的销售收入进行分析性复核时，发现本年度的销售收入比上年明显减少，对照在前期调查了解到本公司年度生产销售情况是历史上最好的这一实际情况，注册会计师感到销售收入的完整性值得怀疑，于是，注册会计师抽查了9月、12月相关的会计凭证，发现12月的一笔销售业务50万元，货物已发出并已向银行办理了托收手续，但未作为销售收入入账，该笔业务的成本30万元也未结转。

要求：（1）针对发现的情况，注册会计师A应采取什么程序进行进一步的审计？

（2）请提出审计调整建议（编制调整的会计分录，增值税税率为13%，所得税税率25%，法定盈余公积提取比例为10%）。

参考答案

第一章 概论

一、单项选择题

1－5 B C C D C　　6－10 B D C A C　　11－16 B B B B A D

二、多项选择题

1. AD　2. ACD　3. ACD　4. ABCD　5. BC　6. AD
7. ABC　8. ABCD　9. ABCD　10. AD　11. ABD　12. ABC

第二章 审计法律与审计职业道德

一、单项选择题

1－5 B D D C D　　6－10 D B D C A
11－15 C C C D A　　16－20 B A D A B

二、多项选择题

1. AD　2. AD　3. AD　4. ABCD　5. ABC
6. ABC　7. ABCD　8. ABCD　9. ABC　10. ABCD

三、分析题

1. ABC 会计师事务所的做法不恰当。“强强联手，服务最优”夸大宣传了事务所提供的服务，违反职业道德守则中有关专业服务营销的要求。
2. 存在不利影响。注册会计师丁某作为审计项目组成员，其主要近亲属不得持有甲公司的股票，否则将因自身利益对独立性产生严重不利影响。

第三章 审计程序与方法

一、单项选择题

1－5 A B A D C　　6－10 C D C A B
11－15 A D B B D　　16－20 B B C D D

二、多项选择题

1. ABCD　2. ABCD　3. ABCD　4. ABCD　5. ABD　6. ABCD
7. ABCD　8. ACD　9. ABC　10. ABCD　11. ABCD　12. ABCD
13. AB　14. ACD　15. ABCD　16. ABC

三、分析题

（1）出具保留意见审计报告。因为 2020 年度审计报告中导致保留意见的事项对本期数据和对应数据的可比性仍有影响。

（2）出具带强调事项段的无保留意见审计报告。因为证券监管机构的稽查结果存在不确定性。

第四章 审计证据与审计工作底稿

一、单项选择题

1－5 D C D C A　　6－10 B C C C C

11－15 B D A B C　　16－20 C D D B A

21－25 D C B B C　　26－30 D A C B D

二、多项选择题

1．ABCD　2．AD　3．ABCD　4．ACD　5．ACD

6．ABC　7．AD　8．AC　9．ABCD　10．ABD

11．ABC　12．ABCD　13．ABCD　14．ABCD　15．BC

16．AD　17．ABCD　18．ABCD

三、分析题

1．（1）不恰当。注册会计师应当对重要的银行借款实施函证程序。

（2）不恰当。函证不能为准确性、计价和分摊认定（应收账款坏账准备的计提）提供充分证据。

（3）恰当。

2．（1）不恰当。注册会计师应当在业务中止后的60天内归档（业务中止也应归档）。

（2）不恰当。会计师事务所应当自审计报告日起对审计工作底稿至少保存10年。在规定保存期届满前，不应删除或废弃任何性质的审计工作底稿。

第五章 内控控制制度与审计风险

一、单项选择题

1－5 D C B D C　　6－10 B D C A A

二、多项选择题

1．BC　2．ABCD　3．ABD　4．ABCD　5．BCD

6．ACD　7．ABC　8．AD　9．BD　10．ACD

三、分析题

注册会计师还可以执行：

（1）观察被审计单位的特定控制的运用；

（2）追踪交易在财务报告信息系统中的处理过程（穿行测试）。

第六章　货币资金与应收款项审计

一、单项选择题

1－5　A B C C C　　　6－10　B C C A B　　　11－15 B C B C D

16－20　A B A A D　　　21－25　C C A C C

二、多项选择题

1. ACD　　2. AC　　3. ABCD　　4. AD　　5. ABCD
6. ABCD　　7. ABC　　8. ABD　　9. ABC　　10. ABCD
11. ABCD　　12. ABCD　　13. ABCD　　14. ABCD　　15. ABD

三、分析题

1. （1）不恰当。改进建议：对库存现金的监盘最好实施突击性检查，时间最好选择在上午上班前或下午下班时。

   （2）恰当。

   （3）不恰当。改进建议：审计项目组应当对所有的银行存款账户，包括零余额账户和在本期内注销的账户实施函证程序，除非有充分证据表明某一银行存款对财务报表不重要且与之相关的重大错报风险很低。

2. 审计步骤：

   第一步，调整账务。应当反映收入，编制调整分录如下

   借：库存现金　　3390 元

   　贷：以前年度损益调整　　3000 元

   应交税费——增（销）　　390 元

   第二步，确认库存现金账存数

   －360＋3390＝3030（元）

   第三步，确认现金短缺或溢余数

   3030－3030＝0（元）（调整后相符）

3. 审计步骤：

   第一步，调整账务。应当反映支出，编制调整分录如下

   借：以前年度损益调整（预付账款——××）　　5000 元

   　贷：库存现金　　5000 元

   借方科目的选用，如果跨年度（审计一般都这样），采用以前年度损益调整，并催收发票，待发票到后再做调整；若年度内，使用预付账款，等待并催收发票，待发票到后再做调整。

   第二步，确认库存现金账存数

   5350－5000＝350（元）

   第三步，确认现金短缺或溢余数

   350＝350　账实相符。

4. 调整账务。应当反映现金溢余，编制调整分录如下

借：库存现金　　45.90 元

　贷：以前年度损益调整　　45.90 元

确认库存现金账存数 865.90 与实存数 865.90 一致，账实相符。

5. 调整账务。应当反映利息收入，编制调整分录如下

借：银行存款　　6120 元

　贷：以前年度损益调整　　6120 元

6. 调整账务。应当反映利息支出，并冲减部分负债，编制调整分录如下

借：应付利息　　3000 元

　　以前年度损益调整　　1500 元

　贷：银行存款　　4500 元

第七章　存货审计

一、单项选择题

1 - 5　A A D C A　　6 - 10　B A D B C　　11 - 15　A A C C D

16 - 20　C C C D D　　21 - 24　D C B D

二、多项选择题

1. ABCD　2. ACD　3. ABD　4. ABCD　5. ABCD

6. ABCD　7. ABCD　8. ABCD　9. ACD　10. ACD

11. BCD　12. AD　13. BD　14. ABC　15. ABC

16. ABC　17. AC　18. ACD　19. ABCD　20. ABCD

21. ABCD　22. ABCD

三、分析题

1. （1）2019 年材料入库计划成本　　450 万元

产生超支差异，实际成本超过计划成本 10 万元（460 万元 - 450 万元）。

期末库存材料 3000 吨，计划成本 75 万元，正确！

（2）材料成本差异分配率：

(- 6000 + 100000) / (50 万元 + 450 万元) = 1.88%

（3）库存材料应当承担的差异：

75 万元 * 1.88% = 14100 元。

（发出材料应承担 425 万元 * 1.88% = 79900 元）

也就是说，“材料成本差异”账户期末余额应当是：借余 14100 元。

需要调整的差异为：14100 元 + 1500 元 = 15600 元。

即调增“材料成本差异”15600 元，生产成本调减 15600 元。

借：材料成本差异　　15600 元
　贷：以前年度损益调整　　15600 元
（4）同时，调整所得税，15600＊25％ ＝3900（元）
借：以前年度损益调整　　3900 元
　贷：应交税费——所得税　　3900 元
2. 审计确认过程
（1）“原材料”账户
期末实际库存 15 吨，按照计划单价［120000/6000＝20（元/公斤）］，应当保留的余额为：
15000 公斤＊20 元/公斤＝30 万元
审计前借余 40 万元。因此，需要调减 10 万元（贷记转出）。
即调减原材料账户，记入 2019 年损益。
（2）“材料成本差异”账户
差异率的计算过程
年初借余 5500 元，本期实际发生节约差异 30000 元（850000 元－44000 公斤＊20 元/公斤）。
差异率（5500－30000）／（120000＋880000）＝－2.45%
－2.45%＊300000 元＝－7350 元
即“材料成本差异”账户年末应当保留贷方余额 7350 元。因此，需要调出 4650 元（12000 元－7350 元）。
用于生产的，通过“生产成本”账户承接，完工后入“库存商品”，售出后再通过期末账项处理转入“主营业务成本”，记入当期损益。
用于直接销售的，通过“其他业务成本”账户，记入当期损益。
根据既定条件得知，2019 年材料减少的业务，最终都记入了当期损益，因此，需要调出的差异额，可以直接记入 2019 年损益。
（3）综合上述（1）（2）的审计意见，调整分录的编制为
借：材料成本差异　　4650 元
　　以前年度损益调整　　95350 元
　贷：原材料　　100000 元
（4）调整所得税费用
95350 元＊25％＝23837.50 元
由于此次审计调整未涉及利润或亏损的性质发生变化，只是数量的同方向变动，因此，可以直接将所得税费用调整的数据全部记入。
借：应交税费——所得税　　23837.50 元
　贷：以前年度损益调整　　23837.50 元
3.（1）安家费不应该记入成本。发生安家费时，应当直接记入当期费用，一般使用“管理费用”科目核算。

（2）生产线工人为生产产品而产生的加班工资，依然需要进入成本，使用“生产成本”科目核算。

（3）销售过程中产生的费用，不论费用的支付对象是谁，均应当按照费用性质归类，通过“销售费用”科目核算。

4.（1）不应记入成本的工资费用，应当费用化，但由于进入成本的工资费用，后续的核算，根据状态，依次分别通过“生产成本”转入“库存商品”再转入“主营业务成本”。此笔业务涉及的150万元，最终进入当期损益的部分为96万元（120万元 * 80%），不必调整账务，只需要在涉及成本的相关报表上进行调整即可。不应计入成本的部分，应当进入当期损益的部分，分别从“库存商品”24万元（120万元 * 20%）和“生产成本”30万元转出，进入当期损益。

简化的说法：对于150万元，已经通过账务追溯到其中的96万元（120万元 * 80%）进入了当期损益，只需要调整未转出的部分即可。

结论：调增“以前年度损益调整”54万元，调减“生产成本”30万元，调减“库存商品”24万元。

分录：

借：以前年度损益调整　　54万元

　贷：库存商品　　24万元

　　　生产成本　　30万元

（2）漏记的40万元，应当补记入。但由于其中的8万元（40万元 - 25万元 - 7万元），可以依次分别通过“生产成本”转入“库存商品”再转入“主营业务成本”，最终依然进入了当期损益，所以，这部分不必进行账项调整，只需要在涉及成本的相关报表上进行调整即可。

结论：调减“以前年度损益调整”32万元，调增“生产成本”25万元，调增“库存商品”7万元。

分录：

借：库存商品　　25万元

　　生产成本　　7万元

　贷：以前年度损益调整　　32万元

（3）调整所得税费用

（32万元 - 54万元） * 25% = -5.5万元

借：应交税费——所得税　　5.5万元

　贷：以前年度损益调整　　5.5万元

5.（1）设备安装费不应该记入成本。发生设备安装费时，应当资本化，一般使用“在建工程”科目核算。同时，现金支票的核算账户是“银行存款”，应当纠正差错。

（2）机修工人中秋节加班费，属于为生产间接服务的费用性质，依然需要进入成本，使用“制造费用”科目核算。

（3）生产线工人劳保费，依然属于为生产间接服务的费用性质，应当按照费用性质归类，通过“制造费用”科目核算。

6.（1）不应记入成本的制造费用，应当费用化，但由于进入成本的制造费用，后续的核算，根据状态，依次分别通过“生产成本”转入“库存商品”再转入“主营业务成本”。此笔业务涉及的90万元，最终进入当期损益的部分为64万元（80万元＊80%），不必调整账务，只需要在涉及成本的相关报表上进行调整即可。不应计入成本部分，应当进入当期损益的部分，分别从“库存商品”16万元（80万元＊20%）和“生产成本”10万元转出，进入当期损益。

简化的说法：对于90万元，已经通过账务追溯到其中的64万元（80万元＊80%）进入了当期损益，只需要调整未转出的部分即可。

结论：调增“以前年度损益调整”26万元，调减“生产成本”10万元，调减“库存商品”16万元。

分录：

借：以前年度损益调整　　26万元

　贷：库存商品　　16万元

　　　生产成本　　10万元

（2）漏记的18万元，应当补记入。但由于其中的3万元（18万元－10万元－5万元），可以依次分别通过“生产成本”转入“库存商品”再转入“主营业务成本”，最终依然进入了当期损益，所以，这部分不必进行账项调整，只需要在涉及成本的相关报表上进行调整即可。

结论：调减“以前年度损益调整”15万元，调增“生产成本”10万元，调增“库存商品”5万元。

分录：

借：库存商品　　5万元

　　生产成本　　10万元

　贷：以前年度损益调整　　15万元

（3）调整所得税费用

（15万元－26万元）＊25%＝－2.75万元

借：应交税费——所得税　　2.75万元

　贷：以前年度损益调整　　2.75万元

7.（1）不应记入成本的新产品开发费60万元，应当费用化，但由于进入成本之后，后续的核算，根据状态，依次分别通过“生产成本”转入“库存商品”再转入“主营业务成本”。此笔业务涉及的60万元，最终进入当期损益的部分为30万元（60万元＊50%），不必调整账务，只需要在相关报表上进行调整即可。不应计入成本部分，应当进入当期损益的部分，分别从“库存商品”

16 万元（80 万元 * 20%）和“生产成本”10 万元转出，进入当期损益。

简化的说法：对于 60 万元，已经通过账务追溯到其中的 30 万元（60 万元 * 50%）进入了当期损益，只需要调整未转出的部分即可。

结论：调增“以前年度损益调整”30 万元，调减“库存商品”30 万元。

分录：

借：以前年度损益调整　　30 万元

　贷：库存商品　　30 万元

（2）漏记的 10 万元，应当补记入。

借：库存商品　　10 万元

　贷：以前年度损益调整　　10 万元

（3）非长期资产的减值准备，待减值测试后可以转回，但转回金额不得超过已提金额，即该减值账户不得出现借方余额。因此，此处只能转回 20 万元，需要调回多转的 36 万元。

借：以前年度损益调整　　36 万元

　贷：存货跌价准备——库存商品　　36 万元

（4）综合上述业务，实际调增“以前年度损益调整”账户 56 万元（30 元 - 10 元 +36 元），由此，影响所得税 56 万元 * 25% =14 万元

借：应交税费——所得税　　14 万元

　贷：以前年度损益调整　　14 万元

8.（1）加权平均单价

(6000 +23560) / (1200 +3800) =5.912

发出商品应承担成本 4000 * 5.912 =23648（元）

库存应承担 1000 * 5.912 =5912（元）

应转回成本　　912 元

调整分录

借：库存商品　　912 元

　贷：以前年度损益调整　　912 元

（2）不符合收入确认条件，应当转回

①转回收入与冲销债权

　借：以前年度损益调整　　10 万元

　　　应交税费——增（销）　　1.3 万元

　　贷：应收账款　　11.3 万元

②转回成本，进入发出商品状态

　借：发出商品　　9 万元

　　贷：以前年度损益调整　　9 万元

（3）非长期资产的减值准备，待减值测试后可以转回，但转回金额不得超过已提金额，即该减值账户不得出现借方余额。因此，此处只能转回 12 万元，需

要调回多转的 6 万元。

借：以前年度损益调整　　6 万元

　贷：存货跌价准备——库存商品　　6 万元

（4）综合上述业务，实际调增“以前年度损益调整”账户 69088 元（912 + 100000 - 90000 + 60000），由此，影响所得税 69088 元 * 25% = 17272 元

借：应交税费——所得税　　17272 元

　贷：以前年度损益调整　　17272 元

9.（1）应当进入生产成本和构成库存商品成本。调整分录

借：库存商品　　3 万元

　贷：以前年度损益调整　　3 万元

（2）应当按照权责发生制原则，于 12 月份确认收入并摊销成本

①借：应收账款——XX　　5300 元

　贷：以前年度损益调整　　5000 元

　　　应交税费——增（销）　　300 元

②借：以前年度损益调整　　1000 元

　贷：周转材料——包装物　　1000 元

（3）调整分配差异

①差异率 = （2400 - 7400）/（20000 + 180000） = -2.5%

年末库存“周转材料——包装物”应承担的差异（30000 - 1000） * （-2.5%） = -725（元）

应当转回 1725 元，入贷方。

②差异分配

第一步：调整前包装物的流向（共发出 17 万元）

当期损益　17 万元 * 60% = 10.2 万元

库存商品　17 万元 * 30% = 5.1 万元

生产成本　17 万元 * 10% = 1.7 万元

第二步：调整后，实际发出 17.1 万元

当期损益　10.2 万元 - 3 万元 + 0.1 万元 = 7.3 万元

库存商品　5.1 万元 + 3 万元 = 8.1 万元

生产成本　1.7 万元

第三步：按照比例调整实际应分配

比例：1725/171000 = 1.01%

当期损益　736 元

库存商品　817 元

生产成本　172 元

合计　1725 元

调整分录：

借：以前年度损益调整　　736 元
　　库存商品　　817 元
　　生产成本　　172 元
　贷：材料成本差异——包装物　　1725 元

（4）综合上述业务，实际调整“以前年度损益调整”账户，贷 33264 元（-30000 元-5000 元+1000 元+736 元），由此，影响所得税 33264 元 * 25% = 8316 元

借：以前年度损益调整　　8316 元
　贷：应交税费——所得税　　8316 元

第八章　固定资产与在建工程审计

一、单项选择题

1. D　2. A　3. C　4. C　5. B　6. D

二、多项选择题

1. BCD　2. ACD　3. ACD　4. ABC　5. ABCD
6. ABCD　7. ABCD

三、分析题

1. （1）关于折旧额：出租用的办公楼，若采用公允价值计量模式，不需要折旧。

（2）关于核算科目，出租用办公楼的折旧，应当通过“投资性房地产累计折旧”科目核算，并将费用归集到“其他业务成本”。

由于管理费用与其他业务成本都属于损益类账户，期末没有余额，因此，此处编制调整分录时，可以忽略，只需要在涉及的相关报表项目中进行调整即可。据此，调整分录如下：

借：累计折旧　　30000 元
　贷：投资性房地产累计折旧　　12000 元
以前年度损益调整　　18000 元

2. （1）补提房屋建筑物折旧 15000 元，因此，增加费用 15000 元。

（2）生产设备折旧应当记入成本，通过制造费用去集合，然后按照一定的标准（如生产工时）分配。由于产品未完工，不能转入当期费用，因此，需要调整减少费用 25000 元。

（3）运输设备的折旧应当记入销售费用，由于管理费用与销售费用都属于损益类的费用账户，年末没有余额，因此，可以不进行账项调整，直接在报表相关栏目进行调整即可。

（4）根据上述意见，该公司合计需要调整的费用为-10000 元（15000 元-25000 元），即综合调减费用 10000 元，由此，增加利润 10000 元。

调整分录

借：制造费用　　25000 元
　贷：累计折旧　　15000 元
以前年度损益调整　　10000 元

（5）调整所得税
借：以前年度损益调整　　2500 元
　贷：应交税费——所得税　　2500 元

3.（1）出售固定资产，应当将该资产账面价值全部转出，且通过“固定资产清理”账户过渡，最终转入营业外损益。该资产账面价值 30 万元（45 万元 - 12 万元 - 3 万元），清理收入 25 万元，应转入净损失 5 万元。实际记入了 20 万元（25 万元 - 45 万元），多记入 15 万元（具体体现为应转出的折旧与减值准备账户金额未转销），应当予以调整。

（2）债务重组业务，应当将债务重组损益记入“营业外收入/营业外支出”，不应当继续挂账。此笔业务属于债务重组收益 2 万元（20 万元 - 18 万元），应当予以调整。

（3）根据上述两笔业务，合并为以下调整分录
借：累计折旧　　12 万元
　　固定资产减值准备　　3 万元
　　应付账款——××　　2 万元
　贷：以前年度损益调整　　17 万元

（4）调整所得税
所得税：170000 元 * 25% = 42500 元
借：以前年度损益调整　　42500 元
　贷：应交税费——所得税　　42500 元

4.（1）超出资本化部分的改造支出 30000 元，应当转入长期待摊费用，调整分录：
借：长期待摊费用　　30000 元
　贷：固定资产　　30000 元
同时，调整费用：
原计提折旧额（超出部分），30000 元/5 年 = 6000 元（年折旧）
月折旧额 6000 元/12 = 500 元，实际计提了 500 元 * 4 个月 = 2000 元
应当摊销 30000 元/2 = 15000 元（年摊销额）
月摊销额 15000 元/12 = 1250 元，应当摊销 1250 元 * 4 个月 = 5000 元
两者相互抵消，还应当补记费用 3000 元。调整分录为
借：以前年度损益调整　　3000 元
　　累计折旧　　2000 元
　贷：长期待摊费用　　5000 元
注意，审计实务中，由于是同一事件，一般是将上述业务合并为一笔调整分录

借：以前年度损益调整　　3000 元

　　累计折旧　　2000 元

　　长期待摊费用　　25000 元

　贷：固定资产　　30000 元

（2）不符合资本化的利息，应当转为当期费用，调整分录为：

借：以前年度损益调整　　50000 元

　贷：固定资产　　50000 元

（3）根据会计准则要求，长期资产一旦计提减值准备，不得转回。因此，应当将原账务转回，调整分录为：

借：以前年度损益调整　　100000 元

　贷：固定资产减值准备　　10000 元

综合上述 3 项业务，合计调增费用 153000 元，导致利润减少 153000 元，影响所得税费用为 38250 元。调整分录

借：应交税费——所得税　　38250 元

　贷：以前年度损益调整　　38250 元

5.（1）注册会计师应关注 X 公司对 A 设备在 2020 年是否继续计提折旧，若已停止计提折旧，则建议其补提折旧。

（2）公司对空调计提折旧不正确。季节性停用的固定资产应照提折旧，所以被审计单位的处理方法是错误的，建议其补提折旧。

（3）X 公司购入的设备，应在其达到预定可使用状态时转入固定资产，从次月开始计提折旧。被审计单位应从 6 月份起计提折旧，注册会计师应建议 X 公司补提折旧。

（4）X 公司计算的 B 设备的折旧率不正确，应该是 9.5%，在计算折旧率时未考虑净残值的影响，注册会计师应建议 X 公司调整折旧。

6. 所列各项固定资产实质性程序所涉及的管理当局认定是：

（1）检查当年固定资产增加的有关文件涉及管理当局的“存在”认定和“权利和义务”认定；

（2）实地观察固定资产并查明其所有权的归属，包含了“存在”“完整性”和“权利和义务”三项认定；

（3）查明固定资产有无抵押、担保等情况涉及“权利和义务”和“分类和可理解性”两项认定；

（4）审查固定资产提取折旧的方法是否适当涉及“计价和分摊”认定。

7.（1）按照会计制度的规定，昌盛公司对此电子设备应从增加当月的下月起计提折旧。

（2）按照企业会计准则的规定，在建工程在投入使用后按照暂估价值计入固定资产，待办理完竣工决策手续后再调整固定资产科目，不调整已经计提的累计折旧金额。

第九章　负债及所有者权益审计

一、单项选择题

1－5　B D B A B　　6－10　C D C B D　　11－13　A C C

二、多项选择题

1. ACDE　2. ACDE　3. ACD　4. ABCD　5. ABC
6. BC　7. ABCD　8. BC　9. ABCD　10. AB
11. ABC　12. BD　13. ABD　14. ABCD

三、分析题

1. 分析：按照权责发生制原则，该笔9个月期限的借款利息2019年实际产生利息费用200＊6%＊6/12＝6（万元），因此应予调整：
   借：以前年度损益调整　　6万元
   　贷：应付利息　　6万元
2. 分析：按借款费用原则，在建工程达到可使用状态应停止费用资本化，因此该笔长期借款利息准予资本化为时期8个月，金额40万元，因此应调减资本化金额10万元，调整分录为：
   借：以前年度损益调整　　10万元
   　贷：固定资产　　10万元
3. 分析：被破产起诉，并不能被作为应付账款的冲销依据，与对方的债权债务关系依然成立，调整分录为：
   借：以前年度损益调整　　20万元
   　贷：应付账款——奥北公司　　20万元
4. 分析：该贴现商业汇票的到期值＝面值＋利息＝100＋3＝103（万元）
   已过承兑期的商业汇票，应转入应收账款，以贴现的商业汇票，承兑方无款承兑时，银行有权利从贴现方账户划款或转做短期借款，贴现方转而获取向承兑方索款的权利，记入"应收账款"
   因此，其调整分录为：
   借：应收账款　　103万元
   　贷：应收票据　　100万元
   　　　以前年度损益调整　　3万元
   由此产生了对坏账准备金的调整必要：103＊5/1000＝0.515（万元），调整分录为：
   借：以前年度损益调整　　0.515万元
   　贷：坏账准备　　0.515万元
   综合1—4笔业务，利润调减33.515万元，需调减所得税33.515万元＊25%＝83787.50元调整分录为：
借：应交税费——应交所得税　　83787.50 元
　贷：以前年度损益调整　　83787.50 元

综合练习一

一、单项选择题（每题 1 分，共 20 分）

1	2	3	4	5	6	7	8	9	10
C	D	A	D	B	D	C	B	B	D
11	12	13	14	15	16	17	18	19	20
A	D	B	C	B	A	A	C	B	D

二、多项选择题（每题 2 分，共 10 分）

1	2	3	4	5
ABD	AD	BC	AD	ABCD

三、判断题（每题 1 分，共 15 分）

1	2	3	4	5	6	7	8	9	10
√	×	×	×	×	√	×	√	×	×
11	12	13	14	15					
√	×	√	×	√					

四、名词解释（每题 2 分，共 10 分）

1. 审计是一个客观地获取和评价与经济活动和经济事项的认定有关的证据，以确定这些认定与既定标准之间的符合程度，并把审计结果传达给有利害关系的用户的系统过程。
2. 审计证据是指注册会计师为了得出审计结论和形成审计意见而使用的信息。
3. 审计工作底稿是指注册会计师对制定的审计计划、实施的审计程序、获取的相关审计证据，以及得出的审计结论做出的记录。
4. 重要性是指被审计单位会计报表中错报或漏报的严重程度，这一严重程度在特定的环境下可能会影响报表使用者的判断或决策。
5. 审计风险是指会计报表存在重大错报或遗漏，而注册会计师审计后发表不恰当审计意见的可能性。

五、业务题（第 1—3 题各 10 分，第 4 题 15 分，共 45 分）

1. （1）存在　（2）完整性　（3）准确性　（4）截止　（5）权利和义务
（每小题各 2 分）

2. （1）银行询证函回函比银行对账单可靠。这是因为银行询证函是注册会计师直接获取的，未经公司有关职员之手；而银行对账单经过公司有关职员之手，存在伪造、涂改的可能性。(2 分)
   （2）注册会计师通过自行计算折旧额所取得的证据比被审计单位的累计折旧明细账的数据可靠。这是因为审计人员自行获得的证据比由被审计单位提供的证据可靠。(2 分)
   （3）内部控制良好时形成的领料单比内部控制较差时形成的领料单可靠。被审计单位内部控制较好时所提供的内部证据比内部控制较差时提供的内部证据可靠。(2 分)
   （4）律师询证函回函比注册会计师和律师交谈取得的证据可靠，因为书面证据比口头证据可靠。(2 分)
   （5）存货监盘记录比存货盘点表可靠。这是因为存货监盘记录是注册会计师自行编制的，而存货盘点表是公司提供的。(2 分)
3. 风云公司内部控制的设计及运行方面存在的缺陷：
   （1）出纳员编制银行存款余额调节表，不相容职务未分离。应由出纳员以外的会计人员编制银行存款余额调节表。(3 分)
   （2）内部审计部门应保持独立性，财务部门是其主要工作对象，由财务总监监管内部审计部门影响了内部审计部门工作的独立性。(3 分)
   （3）货物验收单不连续编号，将不能确保采购业务的完整性和无重复记录。(3 分)
   （4）无缺陷。(1 分)
4.
   （1）(9 分)

判断基础	金额（万元）	固定百分比数值	乘积（万元）	会计报表层次的重要性水平（万元）
资产总额	180000	0.5%	900	
净资产	88000	1%	880	880
主营业务收入	240000	0.5%	1200	
净利润	24120	5%	1206	

   （2）重要性水平与审计风险之间的关系：重要性水平与审计风险之间成反向关系。也就是说，重要性水平越高，审计风险越低；反之，重要性水平越低，审计风险越高。(3 分)
   （3）重要性水平与审计证据之间的关系：重要性水平与审计证据之间成反向关系。也就是说，重要性水平越低，应获取的审计证据越多；反之，重要性水平越高，应获取的审计证据越少。(3 分)

综合练习二

一、单项选择题（每题 1 分，共 20 分）

1	2	3	4	5	6	7	8	9	10
C	A	C	D	A	C	C	B	D	A
11	12	13	14	15	16	17	18	19	20
A	C	C	A	C	A	B	B	A	A

二、多项选择题（每题 2 分，共 10 分）

1	2	3	4	5
BCD	ACD	ABC	ABCD	BCD

三、判断题（每题 1 分，共 10 分）

1	2	3	4	5	6	7	8	9	10
×	×	×	√	×	×	√	×	√	×

四、名词解释题（每题 3 分，共 15 分）

1. 审计是一个客观地获取和评价与经济活动和经济事项的认定有关的证据，以确定这些认定与既定标准之间的符合程度，并把审计结果传达给有利害关系的用户的系统过程。
2. 审计证据是指注册会计师为了得出审计结论和形成审计意见而使用的信息。
3. 审计业务约定书是指会计师事务所与委托人签订的，用以记录和确认审计业务的委托与受托关系，明确委托目的、审计范围及双方的责任与义务等事项的书面协议。
4. 审计风险是指会计报表存在重大错报或遗漏，而注册会计师审计后发表不恰当审计意见的可能性。
5. 审计报告是审计人员根据审计授权者或委托者的要求，将审计的过程和结果向审计授权者或委托者进行报告的书面文件。

五、业务题（ 每题 15 分，共 45 分）

1. （1）购货发票较为可靠。购货发票是注册会计师从被审计单位以外的单位获取的审计证据，比被审计单位提供的收料单更可靠。(3 分)

   （2）销货发票副本较为可靠。销货发票副本属于在被审计单位外部流转的证据，比在审计单位内部流转的产品出库单更可靠。(3 分)

   （3）工资发放单较为可靠。工资发放单上有受领人的签字，所以工资发放单较工资计算单更可靠。(3 分)

（4）存货监盘记录较为可靠。存货盘点表是被审计单位对存货盘点的记录，而存货监盘记录是注册会计师实施存货监盘程序的记录，所以，存货监盘记录较存货盘点表更可靠。（3 分）

（5）银行询证函回函较为可靠。注册会计师直接获取的银行存款函证回函较被审计单位提供的银行对账单更可靠。（3 分）

2.（1）请购单不应由采购经理批准，而应由各请购部门主管批准。

验收单未连续编号，不能保证所有的采购都已记录或不被重复记录。应建议甲公司对验收单进行连续编号。（3 分）

（2）付款凭单未附订购单及供应商的发票等，会计部无法核对采购事项是否真实，登记有关账簿时，金额或数量可能就会出现差错。应建议甲公司将订购单和发票等与付款凭单一起交会计部。（3 分）

（3）会计部月末审核付款凭单后才付款，未能及时将材料采购和债务登账并按约定时间付款。应建议甲公司采购部及时将付款凭单交会计部，按约定时间付款。（3 分）

（4）应对金额重大的其他应付款实施进一步的审计程序。（3 分）

（5）会计主管应该参加库存现金监盘。（3 分）

3. 注册会计师对此项业务的审计处理：

（1）扩大抽查原始凭证的比例，检查其他月份是否存在低估销售收入的现象。提请被审计单位做相应的会计调整，并调整会计报表相关的数额。如果被审计单位拒绝接受调整，则应将查证金额与重要性水平相比，选择相应的审计报告类型。

（2）被审计单位应做的会计调整为（增值税税率为 13%，所得税税率 25%，法定盈余公积提取比例 10%），

借：应收账款　565000 元

　贷：以前年度损益调整　500000 元

　　　应交税费——应交增值税（销项税）　65000 元

借：以前年度损益调整　300000 元

　贷：库存商品　300000 元

借：以前年度损益调整　50000 元

　贷：应交税费——应交所得税　50000 元

借：以前年度损益调整　150000 元

　贷：利润分配——分配利润　150000 元

借：利润分配一分配利润　15000 元

　贷：盈余公积——法定盈余公积　15000 元